LETTRES

TURQUES

NIHIL IN OBSCURO

PARIS

Cabinet du Bibliophile

MDCCCLXIX

LE CABINET

DU

BIBLIOPHILE

PIÈCES RARES OU INÉDITES

ÉDITIONS ORIGINALES

———

Le Cabinet du Bibliophile se compose de pièces rares ou inédites, intéressantes pour l'étude de l'histoire, de la littérature et des mœurs du XVe au XVIIIe siècle. Il comprend aussi les éditions originales de ceux de nos grands écrivains dont le premier texte présente des différences notables avec le texte définitif. — Le double intérêt de rareté et de curiosité que présentent ces publications leur assigne une place dans le cabinet du bibliophile, dont elles forment la bibliothèque intime.

Le nombre de ces publications est illimité. Elles paraissent les unes après les autres, sans ordre, et à mesure qu'il s'en rencontre qui semblent dignes d'être reproduites. — Chacune d'elles, indépendante de toutes les autres, peut être achetée séparément. Le seul lien qui existe entre elles est dans la pensée de former pour les bibliophiles une collection qui réponde à leurs goûts et à leurs besoins.

CONDITIONS DE LA PUBLICATION

(*Impressions.*) Les volumes sont imprimés sur très-beau papier vergé de Rives, et recouverts en parchemin factice replié sur doubles gardes. Ils sont tirés le plus souvent à 300 exemplaires. Chaque publication porte, du reste, le chiffre exact et le détail du tirage, et tous les exemplaires sont numérotés.

(*Exemplaires de choix.*) Il est tiré également quelques exemplaires sur papier de Chine et sur papier Whatman. Ces exemplaires étant toujours les premiers vendus, les personnes qui voudront se les assurer devront nous les demander à l'avance.

(*Exemplaires sur vélin et sur parchemin.*) Les amateurs qui désireraient des exemplaires sur vélin ou sur parchemin sont priés de nous en prévenir. Ils trouvent toujours, sur un catalogue joint au dernier volume paru, l'indication des ouvrages en préparation, et peuvent ainsi nous envoyer leurs demandes avant que l'impression soit commencée.

(*Souscripteurs.*) Il est donné avis de la publication

de chaque volume à toute personne qui en manifeste le désir. Les amateurs qui souscrivent à toute la collection reçoivent les volumes dès qu'ils paraissent.

(*Prix.*) Le prix des volumes varie de 5 à 10 fr. pour les papiers vergés, et de 10 à 20 fr. pour les papiers Whatman et les papiers de Chine.

———

EN VENTE.

Le Premier Texte de La Bruyère. 1 volume de 240 pages. . . . . 10 fr.

Le Premier Texte de La Rochefoucauld, publié par M. F. de Marescot. 1 volume. Tirage à 300 exemplaires 7 50

La Chronique de Gargantua, premier texte du roman de Rabelais, avec une notice de M. Paul Lacroix. 1 volume de 104 pages. Tirage à 250 exemplaires . . . . 5 »

La Puce de Madame Desroches. 1 volume de 140 pages. Tirage à 300 exemplaires 7 50

Amusements sérieux et comiques (de Dufresny). (Idée première des *Lettres Persanes.*) 1 volume. 6 »

Lettres Turques (de De Saint-Foix). (Imitation des *Lettres Persanes.*) 1 volume. 6 »

POUR PARAITRE PROCHAINEMENT :

Les Satires de Dulorens, réimpression de l'édition *complète* de 1646, in-4, contenant les *vingt-six satires.* Notice par M. le Dr Villemin. *Portrait authentique* de Dulorens, fait en 1644, et indiquant l'année de sa naissance. 1 volume, tiré à 300 exemplaires. 12 »

EN PRÉPARATION :

Poésies de J. Tahureau, du Mans, publiées par M. Prosper Blanchemain. 2 volumes tirés à 300 exemplaires.

Les Arrêts d'amour, de Martial de Paris, dit d'Auvergne, avec un choix de commentaires de Benoist de Cour, publiés par P.-L. Miot-Frochot. 1 volume.

Poésies de Courval-Sonnet, publiées par M. E. Courbet.

Les Satyres de Vauquelin de la Fresnaye. 2 volumes tirés à 300 exemplaires.

La Chronique de Pantagruel, reproduction de l'opuscule petit in-8, goth., sans lieu ni date, et portant pour titre : *les Chroniques admirables*, etc. Notice par M. Paul Lacroix. Tirage à 250 exemplaires. — Cet opuscule n'a pas encore été réimprimé.

La Farce de Pathelin, avec notice par M. Paul Lacroix. 1 volume, tiré à 300 exemplaires.

———

A PARIS, CHEZ D. JOUAUST,

RUE SAINT-HONORÉ, 338.

LETTRES TURQUES

CABINET DU BIBLIOPHILE

N° VI

8° Z

TIRAGE.

3oo exemplaires sur papier vergé.
  15   »   sur papier Wathman.
  15   »   sur papier de Chine.
   2   »   sur parchemin.

332 exemplaires numérotés.

N^o

DE SAINT-FOIX

LETTRES TURQUES

PUBLIÉES PAR D. JOUAUST

A PARIS

CHEZ D. JOUAUST, IMPRIMEUR

RUE SAINT-HONORÉ, 338

—

M DCCC LXIX

AVERTISSEMENT

En même temps que nous publions, dans notre *Cabinet du Bibliophile*, les Amusements sérieux et comiques *de Dufresny*, nous avons voulu donner aussi les Lettres Turques *de De Saint-Foix* : il nous a paru curieux de mettre en présence ces deux écrivains, dont le premier a été l'initiateur, et le second l'imitateur des Lettres Persanes. Il est intéressant de les comparer entre eux, de les rapprocher de Montesquieu, et de voir ainsi les différentes expressions sous lesquelles peut se manifester la même idée, suivant le génie particulier de chacun de ceux qui l'ont traitée.

Voici la donnée des Lettres Turques. Mazaro, réfugié italien à Constantinople, s'est épris de Rosalide, fille du grand-visir. Leur mariage est arrêté, mais le grand-visir ne veut les unir que sur une terre libre, et il charge Mazaro de préparer leur fuite. L'empereur apprend les projets de son premier ministre, et lui fait savoir sa disgrâce à la turque, en le faisant étrangler. Son père mort, Rosalide vient se réfugier en France avec Mazaro, et c'est de Paris qu'elle écrit à sa sœur Fatime, au sérail de Bostangi.

L'opuscule de De Saint-Foix, comme l'œuvre de Montesquieu, se compose de lettres, dans lesquelles sont intercalées de petites nouvelles. Montesquieu n'avait pris à Dufresny que l'idée; De Saint-Foix a pris à Montesquieu idée, forme et titre. Mais, fidèle au précepte de Boileau, il n'a cherché à ressembler à son maître que par son beau côté : il s'est bien gardé d'embarrasser son récit de tous ces détails de mœurs orientales dont Montesquieu a tant abusé, et qui n'ont même pas le mérite de l'exactitude. De Saint-Foix avait pourtant voyagé en Turquie, et il aurait pu en parler de visu.

Les Lettres Turques eurent un grand succès. Plusieurs fois réimprimées, elles se trouvent enfin publiées en 1778, deux ans après la mort de De Saint-Foix, dans une édition de ses œuvres complètes. Nous prenons, dans la préface de cette édition, le passage suivant :

« *On donnerait une idée bien imparfaite des Lettres Turques si on ne les représentait que comme un ouvrage purement agréable ; c'est un cadre élégant, où un ingénieux écrivain a su enchâsser une satire fine de nos mœurs, des réflexions tantôt badines, tantôt solides, des peintures de l'amour variées suivant le génie des peuples, etc.* » — *Et plus loin :* « *Ce mélange agréable et instructif de galanterie, de traits d'histoire, de politique et de morale, peut servir de pendant aux immortelles* Lettres Persanes *du célèbre Montesquieu.* »

Nous sommes loin de partager l'enthousiasme de l'éditeur de 1778 ; nous ne l'imiterons pas surtout dans les conséquences de cet enthousiasme : pénétré de son sujet, il s'est laissé aller à faire aux Lettres Turques *des additions et des modifications qui les rendent méconnaissables ; il allègue bien, il est vrai, des notes manuscrites trouvées dans les papiers de l'auteur, mais il ne donne aucune preuve de leur authenticité.* — *Nous nous sommes donc bien gardé d'adopter, pour notre réimpression, une version aussi fantastique, et parmi les éditions contemporaines de l'auteur, nous avons choisi celle de 1744, publiée à la suite de l'édition des* Lettres Persanes, *de Cologne, sous la même date, et dont la correction typographique nous a paru présenter la garantie d'un bon texte.*

De Saint-Foix est un homme d'esprit ; mais chez

lui l'esprit est plus dans l'idée que dans l'expression : il n'a pas le trait, comme Dufresny ; ou, s'il le rencontre, ce n'est qu'au bout d'un certain nombre de phrases, et lorsqu'il est trop prévu pour produire son effet. « Le style, c'est l'homme », a-t-on répété souvent. Encore un axiome qui, comme tant d'autres, est vrai, toutes les fois qu'il n'est pas complétement faux. De Saint-Foix avait été soldat ; c'était un des plus fameux bretteurs de son temps, et l'on ne s'en douterait pas au calme de ses idées et à l'aménité de son style. Il tenait également bien la plume et l'épée, mais chacune en son temps, différent en cela de tant de bravaches littéraires qui semblent toujours écrire avec la pointe d'une épée, et qui ne se trouvent que leur plume en main au jour du combat.

De Saint-Foy a écrit beaucoup plus en philosophe qu'en soldat ; c'est un des champions de la liberté de conscience, et il s'élève avec force contre l'abus des congrégations religieuses, qui retirent des citoyens et des richesses à l'État. Il était animé de ce souffle libéral qu'on sent courir sur presque tous les écrits du XVIIIe siècle, souffle qui semblait à peine s'agiter alors à la surface du sol, et qui, s'élevant et grandissant tous les jours, devint, un demi-siècle après, la furieuse tempête de 1793.

Nous signalerons au lecteur l'histoire de Félime et d'Abderamen, où se trouvent surtout développées les idées auxquelles nous faisons allusion ici, dans un discours d'Abderamen au roi de Serendib.

Cette histoire mérite encore d'être citée pour un détail bien curieux : on y trouve la donnée et la mise en scène d'une partie du roman de Paul et Virginie. Deux enfants de sexe différent, Félime et Abderamen, abandonnés dans une île déserte, y sont élevés par le sage Kaillaz, qui s'y était retiré. Leur éducation se fait par la nature et en présence de la nature ; comme pour Paul et Virginie, « jamais des sciences inutiles n'ont fait couler leurs larmes, jamais les leçons d'une triste morale ne les ont remplis d'ennui » ; ils apprennent à ignorer le mal et à pratiquer le bien. Les sentiments fraternels qu'ils éprouvent d'abord l'un pour l'autre finissent par dégénérer en amour véritable. Dévorée de feux inconnus, Félime va se plonger dans une fontaine, espérant trouver un soulagement dans la fraîcheur de ses eaux. Sur ces entrefaites (et c'est ici que Bernardin de Saint-Pierre nous abandonne) arrive Abderamen, qui enlève sa maîtresse dans ses bras ; et la conclusion toute prosaïque de l'épisode nous éloigne de plus en plus du roman de Paul et Virginie.

Il n'est pas admissible que les Lettres Turques aient été inconnues à Bernardin de Saint-Pierre ; elles avaient obtenu un très-grand succès, et tous les hommes lettrés de l'époque avaient dû les lire. Et n'est-ce donc pas, en vérité, une particularité bien curieuse à signaler, que cet emprunt fait à un écrit érotique par le plus chaste et le plus pur de tous les romans?

De Saint-Foix a écrit aussi pour le théâtre, et, en lisant la lettre XI, on pourra se convaincre qu'il y avait certaines dispositions : elle contient tout le dessin d'une scène, le retour de l'amant infidèle, qu'on n'aurait qu'à mettre en dialogue pour qu'elle figurât avec avantage dans une comédie de mœurs.

Là pourtant n'était pas sa véritable vocation; aucune de ses pièces n'est restée au théâtre, et l'on doit confesser que l'oubli dans lequel elles sont tombées n'est pas complétement immérité. L'ouvrage le plus important de De Saint-Foix, ce sont ses Essais historiques sur Paris, dans lesquels il est question aussi de toute la France, et même des différents pays d'Europe, mais dont la première partie, celle qui est consacrée spécialement à Paris, est surtout intéressante.

De Saint-Foix est, du reste, un écrivain, dans toute la force et toute la vérité de l'expression; son style, parfois un peu affecté, est toujours élégant et correct. Il occupe un rang des plus honorables parmi ces auteurs consciencieux du XVIIIe siècle, qui écrivaient avec le respect d'eux-mêmes et de leur langue, et qui ont toujours évité de tomber dans ces jargons de convention qui ne vivent pas toujours la vie de ceux qui les ont imaginés. C'est grâce à eux que la langue française, fixée et consolidée définitivement, a pu résister aux tentatives de novateurs impuissants, dont le langage tout moderne se trouve avoir déjà plus vieilli que des écrits remontant maintenant à plus d'un siècle et demi.

D. Jouaust.

LETTRES
TURQUES.

A COLOGNE,

Chez PIERRE MARTEAU, Imprimeur-
Libraire, près le Collége des Jésuites.

M. DCC. XLIV.

LETTRES TURQUES.

LETTRE PREMIERE.

ROSALIDE A FATIME,

au Serrail du Bostangi.

JE suis en France, ma chere Sœur : il y a trois jours que je pris terre à Marseille. Juge de ma satisfaction, par l'inquiétude cruelle où j'ai vécu pendant toute la navigation. Je craignois sans cesse que le vent ne vînt à changer et ne nous rejettât sur les côtes que nous quittions. Je craignois que quelque Vaisseau Turc ne nous

poursuivît, et ne m'arrachât mon cher *Ma-*
ʒaro. Si ce malheur nous fût arrivé, tu sçais
dans quels supplices il eût perdu une vie où
la mienne est attachée. Je fuyois le sommeil, qui me plongeoit dans des horreurs
effrayantes. Mais enfin, nous sommes en sûreté. Avec quels sentimens nous nous sommes embrassés au Port! Nous nous mouil-
lions de nos larmes, et nous n'avions pas la
force de parler. Ce seroit faire tort à l'insen-
sibilité de notre joie pure, de vouloir l'ex-
primer.

J'ai reçu visite des premieres personnes de
la Ville. Quelques-unes m'ont invitée à man-
ger chez elles : car on mange les uns chez les
autres dans ce Pays-ci. On voit à la même
table des Hommes et des Femmes qui ne
sont point mariés ensemble. Un Mari même
évite de se trouver dans les maisons où va sa
Femme ; et l'on diroit, aux soins qu'il prend
de ne point faire paroître leur union pendant
le jour, qu'il se croit coupable envers la société de lui avoir arraché une personne avec
qui il s'est lié particuliérement. Je te parle
des Gens de qualité : car, parmi le Peuple,
on reconnoît très-aisément le Mari et la

Femme aux querelles qu'ils ont toujours ensemble.

Je pars demain pour Paris, d'où je t'écrirai. Je t'envoie la Copie d'une Lettre que Mazaro écrit à un de ses Parens. J'espere qu'elle t'intéressera, par la part qu'a dans ce récit une Sœur qui t'aime, et qui t'aimera toute sa vie, en quelque lieu du monde qu'elle soit. Adieu, ma chere Fatime.

LETTRE DU COMTE MAZARO

AU MARQUIS PINIANI, A VENISE.

ÉTANT obligé de quitter ma Patrie, comme vous sçavez, pour une affaire d'honneur, je fus pris par les Turcs dans la traversée de Venise à Marseille, et vendu à Constantinople au chef des Esclaves du Grand Visir *Hussem*, qui m'employa à la culture des Jardins.

Un jour que, fatigué de mes malheurs et d'un travail si peu convenable à ma naissance, un profond sommeil m'avait gagné, le Visir passa. J'arrêtai son attention. Il trouva quelque chose en moi qui lui plût, et se sentit touché de l'avilissement où la Fortune réduisoit un jeune homme dont la physionomie promettoit une toute autre situation. Il m'éveilla, et, comme il parloit bien l'Italien, il me fit plusieurs questions, ausquelles je répondis assez heureusement. Il ne se promenoit jamais, depuis, qu'il ne m'honorât d'un long entretien.

L'heure où il avoit coutume de paroître étoit déja passée, quand je le vis un soir arriver avec une jeûne personne, au-devant de qui je puis dire que mon cœur vola, puisque, ne pouvant discerner encore ses attraits, j'étois cependant dans une inquiétude cruelle que sa promenade ne la conduisît pas près du lieu où je travaillois.

Ils s'approcherent, et le Visir m'adressa la parole, à l'ordinaire. Mais, sans lui répondre, j'étois dans cet étonnement où le cœur enchanté croit que les yeux ne lui portent pas assez tout le plaisir qu'il devroit ressentir.

Il sourit de mon désordre; et sa Fille, en rougissant (car c'étoit elle), passa dans une autre Allée.

Je restai tout le soir et toute la nuit dans une agitation qui ne me permit pas de fermer l'œil. La distance que l'Esclavage mettoit entre celle que j'aimois et moi me faisoit sentir plus vivement que jamais les rigueurs de la Fortune. Cependant, la bienveillance que me témoignoit Hussem, et la façon dont il avoit vu la naissance de ma passion, m'inspiroit je ne sçais quel présage heureux, que la Raison ne pouvoit étouffer.

Je me rendis de grand matin aux Jardins, pour être du moins dans un lieu où j'avois la veille admiré tant de charmes. J'y rêvois plûtôt que je n'y travaillois, quand une Femme vint me dire que *Rosalide* m'ordonnoit de lui apporter un Bouquet de fleurs. « Rosalide! la Fille de Hussem! lui répondis-je transporté. » Avec quel empressement j'allai cueillir ces fleurs! Avec quel trouble je les portai! Que l'emploi où l'Esclavage m'avoit attaché me sembla alors brillant! Et que l'Amour pare avantageusement tout ce qui l'approche de son objet! Rosalide étoit encore au lit. Elle en sortit ses beaux bras, pour assembler les fleurs que je lui présentois; et mille graces en sortirent avec eux, dans le mouvement qu'elle fit.

J'eus ainsi, tous les matins, la douceur de la voir. Elle m'ordonnoit quelquefois de lui chanter des Airs Italiens, et je remarquois, par une certaine attention qu'elle me prêtoit, et que le plaisir de l'oreille seule ne fixe point, que ma voix avoit de l'intelligence avec son cœur. J'étois sûr qu'elle n'ignoroit pas mon amour; mais je n'osois m'avancer à m'expliquer mieux, lorsque je fus favorisé par un Interprête d'une nouvelle espéce.

J'élevois des oiseaux; à qui j'apprenois, pour m'amuser, à répéter quelques Airs. J'en avois instruit un, plus chéri que les autres, à prononcer : *Je vous aime.* Un matin que j'entrois chez Rosalide, il vole de dessus mon épaule à son cou, et, en lui becquetant l'oreille, il lui dit : *Je vous aime.* « Ah! qu'il est joli! ah! qu'il est joli! » s'écria la Fille de Hussem en le baisant. Mon fidéle Ecolier lui souffle encore dans la bouche : *Je vous aime;* et à chaque caresse qu'elle continua de lui faire, il répéta sa leçon à merveille. « Mais ne

sçait-il que cela, me demanda-t-elle? — Je lui
ai appris, répondis-je, comme je voulois parler : daignez le garder, et lui apprendre
comme vous voulez répondre. — Il le sçait
déja, me répliqua Rosalide : appelez-le, il le
dira. » Elle prononça ces mots en baissant les
yeux; et la présence du Visir, qui entra dans
le moment, m'obligea de me retirer.

Je fus bien aise de pouvoir entretenir en
liberté les idées flateuses que me donnoit la
déclaration que je venois d'entendre. Pour
juger de ma satisfaction, il faut être Amant,
et même un de ces jeunes Amans dont le
cœur n'a point fait d'essais, et trouve d'a-
bord celui qui lui étoit prédestiné. Avec
quelle impatience j'attendis le soir! J'espé-
rois que Rosalide viendroit se promener avec
son Pere, que je pourrois lui dire un mot,
ou que, du moins, elle liroit dans mes yeux
le bonheur dont elle m'avoit comblé, et
qu'elle m'en sçauroit gré.

Mais la nuit approchoit déja, lorsque Hussem parut seul. Il avoit même l'air farouche.
Il me fit signe de le suivre dans une Allée
couverte. J'avoue qu'il me prit un tremble-
ment dont l'homme le plus ferme n'est point

le maître dans certaines occasions. Le silence morne que gardoit le Visir redoubloit mes craintes, lorsqu'enfin il le rompit en ces termes :

« Je suis né à Salonique, de Parens Grecs.
« Je fus amené à Constantinople, Esclave,
« comme tu l'es ; mais je me sentois des ta-
« lens, et les vils emplois où l'on m'occupa
« d'abord n'étouffoient point ma prévention.
« Par mon zéle et mon activité, je plus à la
« Sultane, Mere de l'Empereur régnant. Elle
« me vanta à son Fils, qui me fit passer à
« son service. Je fus d'abord Capigi-Bassa ;
« de-là, élevé à la dignité de Bassa d'Alep ; et
« bientôt après, à celle de Gouverneur-Gé-
« néral de la Mésopotamie.

« Par des liaisons secrettes, que je prati-
« quai avec le Persan, dont cette Province
« est frontiere, je me préparois dans mon
« Gouvernement une Souveraineté indépen-
« dante, où le Roi de Perse et l'Empereur
« Ottoman, toujours en guerre ensemble,
« auroient été obligés encore de ménager un
« Rébelle. Mais mes projets n'étoient pas en
« état lorsque je fus rappellé à la Porte, où

« l'on me donna le Sceau de l'Empire. Je fus
« nommé pour commander l'Armée contre
« la Perse. Je défis, en deux Batailles ran-
« gées, *Chah-Abas*, son Roi : je l'obligeai
« d'accepter une Paix honteuse. Comblé
« d'honneurs et de biens, je revins dans
« cette Capitale, où l'Empereur des Turcs
« me donna sa Fille en mariage.

« Ses bienfaits augmentent tous les jours
« ma puissance. Mais ces mêmes bienfaits
« marquent toujours aussi que je suis son
« Sujet. Cette grandeur n'est rien, dont un
« autre est l'appui. Je crains toujours le Sul-
« tan, et qu'un caprice n'ouvre enfin quel-
« ques jours sous mes fausses grandeurs l'a-
« byme où il me précipitera.

« Je t'avouerai plus. Je consultai toujours
« son visage, ses yeux, son accueil, ses moin-
« dres paroles : j'entrevois depuis quelque
« tems un accueil concerté ; il s'est même
« un jour emporté avec moi jusqu'au re-
« proche. Mes soupçons redoublés éleverent
« d'abord mes desseins ; mais je n'ai pas
« trouvé dans les esprits des dispositions fa-
« vorables à mon ambition. Il faut céder au
« tems. Je veux fuir chez les Chrétiens ;

« d'où je pourrois bien, s'ils se fio'ent en
« moi, envoyer de furieuses tempêtes sur cet
« Empire que j'ai agrandi.

« J'ai deux Filles. L'une est mariée au
« Nischangi : je ne lui confierai donc pas
« mon secret. Tu connois l'autre ; tu l'aimes ;
« elle a du penchant pour ta Religion : je
« vous unirai ensemble, dans un Pays de
« liberté. Il faut que tu achetes un Vaisseau,
« que tu y assembles des gens de ta Nation,
« et des François sur-tout : ils sont fidéles
« et déterminés. Mais garde-toi de te confier
« à des Turcs : ils sont trop esclaves pour
« connoître l'honneur d'un secret. Tu m'in-
« struiras tous les jours de ce que tu auras
« fait, et, quand il sera tems, je te remettrai
« ma Fille, mes richesses et ma personne. »

En prononçant ces mots, il me quitta. Dès
le lendemain, j'allai au Port ; j'y trouvai des
Italiens, les uns libres, les autres esclaves,
qui me connoissoient, et qui m'embrasserent
avec cette sensibilité qu'inspire aux gens
d'une même Nation une infortune commune.
Je leur parlai, sans trop m'ouvrir d'abord ;
ensuite je m'avançai davantage, et j'avois

enfin pris des mesures certaines, lorsqu'un soir, rentrant chez le Visir pour lui rendre compte et l'assurer presque d'un heureux succès, je vis que le Sultan l'avoit prévenu. Le Bostangi venoit de lui apporter un ordre de lui remettre le Sceau de l'Empire, et ensuite un second commandement de l'Empereur, de lui envoyer sa tête. Hussem demanda à parler à l'Empereur. « Je n'ai point ordre de te conduire au Serrail, répondit le Bostangi ; mais de te faire ôter la vie tout-à-l'heure. — Fais donc ton devoir », s'écria le Visir. Et en même-tems il présenta son cou aux Capigis, qui l'étranglerent.

Ma chere Rosalide se retira auprès de sa Sœur, et quelques jours s'étoient écoulés sans que j'eusse entendu parler d'elle, lorsqu'elle me fit dire par un Esclave fidéle de continuer toujours à tout préparer pour notre départ. Je lui mandai que tout étoit prêt, que je n'attendois que ses ordres, que le vent étoit favorable, et que, si elle vouloit me marquer le lieu où je pourrois la recevoir, nous serions avant la fin de la nuit loin de Constantinople.

Je n'attendis pas long-tems sa réponse ; elle

me l'apporta elle-même, déguisée en jeune Esclave Turc. Notre Navigation a été heureuse. Je suis arrivé hier à Marseille, d'où je pars pour Paris.

Je ne t'ai fait, mon cher Cousin, tout ce long détail, que pour te préparer sur la nouvelle que tu recevras bientôt de mon mariage. Je n'attens que l'agrément de mon Pere, à qui j'écris aussi. Dès que j'aurai reçu sa réponse, dans les bras d'une Epouse charmante, je serai le plus heureux des hommes.

Je suis bien sincérement, mon cher Cousin, etc.

LETTRE II.

Rosalide a Fatime.

Il y a huit jours que je suis à Paris. Je ne puis démêler encore si les François estiment véritablement les Etrangers, ou s'ils veulent, par vanité, s'en faire estimer. Croyent-ils qu'ils ne peuvent, par trop de bonnes façons, adoucir la situation d'une personne à qui la nature a été assez marâtre pour ne pas fixer sa naissance dans leur climat? Je ne sçais, mais il est sûr que c'est une espéce d'avantage dans leur Pays de n'être point né parmi eux. Il n'y a sortes de politesses que je ne reçoive tous les jours; jusques aux petites gens s'empressent, sans dessein même que je paye leurs services.

Une Dame de la connoissance de Mazaro me proposa hier de sortir avec elle. Le char où nous étions arrêta vis-à-vis une maison, où nous entrâmes à travers une troupe de gens armés qui s'ouvrirent pour nous laisser passer. Nous montâmes à une petite chambre, que l'on referma sur nous avec un grand bruit de clefs. Nous étions dans l'obscurité. Je ne sçavois que penser du lieu où l'on m'avoit conduite, lorsqu'une clarté brillante éclaira tout-à-coup un spectacle magnifique. A ce qu'on m'en avoit déja dit, je reconnus aisément que j'étois à la Comédie.

C'est un lieu où l'on retrace les malheurs et la fin funeste de quelques Hommes illustres. Cela me rappella ce qui se pratique en Turquie, aux funérailles de nos proches, où nous payons des gens qui les pleurent pour nous. Les François en payent ici qui les fassent pleurer à la mort d'un Roi ou d'un Empereur, dont ils ne sont certainement point issus, et qu'ils n'ont jamais vu, ni connu.

J'ai pitié, en vérité, de ces malheureux Comédiens. La gloire, la vertu, l'honneur, les grands sentimens, la noblesse et les actions généreuses, qu'ils représentent tous les jours, doivent leur faire sentir encore plus vivement la bassesse de leur condition, à laquelle on attache l'infamie, semblables aux Eunuques, à qui la garde des plus belles femmes retrace avec plus de fureur leur état de privation.

On me surprit quand on m'assura que, parmi les Comédiennes que j'avois vues, quelques-unes faisoient ce métier depuis plus de quarante-cinq ans au moins. Elles ne paroissoient pas en avoir vingt. C'est le miracle des Houris du Paradis du Prophéte, qui demeurent toujours au même âge. Plus ces Comédiennes jouent, plus leur Art se perfectionne : l'Art devient plus fort que la nature et les années, qu'il met, pour ainsi dire, en fuite. Mais elles se rallient enfin, et rien n'est plus affreux qu'une vieille Actrice.

Adieu, ma chere Fatime, aime toujours Rosalide.

LETTRE III.

ROSALIDE A FATIME.

JE sors de l'Opéra. C'est un spectacle semblable à celui de la Comédie, excepté que les Héros parlent du nez à la Comédie, au lieu qu'à l'Opéra on tâche que toutes les paroles résonnent agréablement dans des gosiers fléxibles. J'ai trouvé d'abord ridicule (comme le trouvent la plûpart des François) qu'un homme vienne dire qu'il est accablé de malheurs et qu'il se tue même en chantant. L'idée qu'on se fait du chant, et l'habitude où l'on est, dès le bas âge, de le regarder comme un enfant du plaisir et de la joie, cause cette prévention, qui se dissiperoit aisément si l'on considéroit le chant dans son essence réelle, c'est-à-dire si l'on réfléchissoit qu'il n'est précisément qu'un arrangement de tons différens. Alors il ne paroîtroit pas plus extraordinaire que les tons d'un Héros fussent mesurés à l'Opéra que d'entendre à la Comédie un Prince parler en vers à son Conseil sur des matieres importantes.

Supposons que le Roi de France envoyât l'Opéra peupler une Colonie déserte, et qu'il ordonnât à tous les honnêtes gens qui le composent de ne se demander les choses les plus nécessaires et les plus simples, et de ne se parler jamais, enfin, que comme ils se parlent sur le Théâtre. Les enfans qui naîtroient au bout de quelque tems dans cette Isle bégayeroient des Airs, et toutes les inflexions de leurs voix seroient élancées et mesurées; les fils des Danseurs marcheroient toujours en cadence, à quelque occasion et pour se rendre en quelque lieu que ce fût. Et si cette postérité chantante et dansante venoit jamais dans la patrie de ses peres, ses oreilles seroient choquées de la dissonance qui régne dans les tons de notre conversation, et ses yeux seroient blessés de notre façon de marcher.

L'Opéra, ma chere Sœur, est si brillant par sa magnificence, et si surprenant par ses machines, qui font voler un homme aux Cieux ou le font descendre aux Enfers, et qui, dans un instant, placent un Palais superbe où étoit un désert affreux, que, si les Peuples voisins de l'Isle où, dans ma supposition, j'ai relégué l'Opéra, se trouvoient à ce spectacle, ils croiroient voir véritablement toutes les Divinités du Paganisme : l'Opéra feroit des prosélytes en fait de Religion. Mahomet en a établi une bien étendue, dont les machines sont plus grossieres. Il faut être dégagée, comme moi, des préjugés de l'enfance, qui attachent à son spectacle; il faut en être dehors, pour ainsi dire, afin d'en voir toute l'extravagance. Je souhaite bien ardemment que le souvenir de notre Mere, qui étoit Françoise, te désille enfin les yeux sur l'erreur où tu es. C'est la plus grande satisfaction que puisse avoir une Sœur qui t'aime bien tendrement. Ma chere Fatime, adieu.

LETTRE IV.

ROSALIDE A FATIME.

PLUS je réfléchis dans ce pays, plus je me persuade qu'il en est des mœurs comme des visages. Elles sont différenciées, mais elles se rapprochent toutes dans le fond parmi toutes les Nations.

Les Turcs ont trois sortes de Femmes: les légitimes, celles qu'ils vont chercher au Kebin et les esclaves.

Les gens de condition en France en ont aussi communément de trois sortes. Premiérement, celle avec qui ils sont véritablement mariés, et qui leur est véritablement la plus indifférente.

Ensuite, ils s'attachent à quelque Femme

à la mode, c'est-à-dire répandue dans le
grand monde, afin qu'on se persuade, s'ils
s'en font aimer, qu'il faut bien qu'ils ayent
du mérite, puisqu'ils plaisent à une personne
qui passe pour s'y connoître, et qui n'a jamais eu que des aventures illustres.

Et en troisiéme, ils ont quelque Actrice,
dont ils ne sont pas précisément amoureux,
mais bien de la vie qu'ils ménent chez elle.
C'est-là où ils sont dans leur naturel, sans
soins et sans façon. Ils y reçoivent leurs
amis, ils y soupent, ils tiennent longue table;
leur Maîtresse y est aussi stable qu'eux, cela
les enchante.

Ce que je dis, ma chere Fatime, de la ma-
niere d'aimer dans ce pays-ci, n'est pas cependant sans exception. Il y a des amans,
mais ils sont rarés, dont le cœur délicat s'est
assorti par une ressemblance d'humeur, de
vertus, de mérite et de naissance. Eloignés
de tous airs avantageux, ils reçoivent comme
une grace les faveurs qu'on leur accorde.
Leur sensibilité aux distinctions qu'on leur
marque s'augmente par l'estime qu'ils ont
pour ce qu'ils aiment, et par l'idée de sou-
mission qu'ils se sont fait à ses volontés.

Je t'envoye une Lettre d'un de ces Amans, que j'ai trouvée par un hasard qu'il est inutile de te détailler.

BILLET.

« Comme je connois votre caractere bien
« faisant, je fis hier une faute pour vous don-
« ner occasion de l'exercer en me pardon-
« nant. Si mon respect et mon amour ne
« vous engagent pas à entrer dans mon idée,
« soyez sûre qu'à l'avenir je ne ménagerai
« plus de pareilles douceurs à la bonté de
« votre cœur ; je serai si sage, si soumis et si
« tendre, que, si vous ne m'aimez point, vous
« serez obligée de vous reprocher une ingra-
« titude horrible. C'est le moyen le plus sen-
« sible de punir un cœur aussi bien fait que
« le vôtre. »

Compare le style de ce Billet avec le vol du mouchoir, dont les Turcs annoncent leurs caresses. Adieu, Mazaro me presse pour sortir avec lui, il t'aime sans t'avoir jamais vûe.

LETTRE V.

ROSALIDE A FATIME.

J'AI été indisposée quelques jours; mais j'ai toujours eu si bonne compagnie dans mon appartement que je n'en suis sortie qu'avec peine, pour aller chercher ailleurs ce que je trouvois si commodément chez moi. Il s'y est passé de ces scènes plaisantes que le génie du François crée, pour ainsi dire, de rien.

Les autres Peuples s'abandonnent à leurs penchans, et en avouent de bonne foi la mauvaise habitude. Le François a trop d'amour propre pour convenir qu'il a tort; il donne un tour brillant à ses défauts, et charge de ridicule le vice qui leur est contraire. « Vien-çà que je t'embrasse, mon cher Chevalier, disoit avant-hier un jeune homme à un autre. J'ai appris avec une vraie joie, que tu as abandonné Mme N.... Ta persévérance pour elle commençoit à te donner un travers dans le monde. J'avois beau te défendre, et dire que tes assiduités pour cette Femme n'étoient que l'effet de ton goût général pour toutes, qui se réunissoit pour un tems en faveur d'une seule; je ne persuadois point, on t'en croyoit amoureux; il sembloit que tu fusses à une Femme près. Et comme elle a de la politesse, de l'esprit et de la beauté, on poussoit même la médisance sur ta façon de penser, jusqu'à dire qu'elle te fixeroit.

—Hé! quel mal y auroit-il, Monsieur, interrompit une personne de la compagnie, qu'une Dame qui a autant de mérite que celle que vous venez de peindre vous-même rendît le Chevalier constant?

— Hé! fi, Madame, constant, répondit-il. Sçavez-vous ce que c'est qu'un homme constant? C'est un espéce d'animal qui n'a qu'une allure, qui devient domestique, qui s'assujettit aux petites maniéres, qui se fait un génie de

Femme, qui fuit ses amis, qui ne goûte plus le vin, et qui, par un grand hasard, s'enyvre au plus une fois par mois. La constance marque un cœur étroit, qu'une seule idée remplit ; un cœur qui n'a pas la force de seconder la nature, qui lui présente sans cesse des objets nouveaux, pour l'aider à secouer le joug de celui dont il est occupé. Un homme constant enfin est, pour mieux parler, un homme paresseux, qui, se méfiant de son mérite, s'assoupit avec une conquête faite, pour ne se pas donner la peine d'en entreprendre une autre qu'il manqueroit peut-être.

— Mais je m'étonne, répliqua la personne qui avoit déja pris une fois la parole, que vous attaquiez si vivement les Amans constans, vous qui depuis trois ans êtes attaché à ... — A une Comédienne, n'est-ce pas ? s'écria en souriant, et sans rougir, ce Censeur des belles passions. Hé bien ! sçachez que c'est l'inconstance même qui entretient le goût que j'ai pour cette Actrice. Je la vois sur le Théâtre. Tantôt c'est une Amante en pleurs, qui regrete un perfide. Un autre jour, Bergere innocente, elle voudroit se cacher à elle-même le trouble d'un amour naissant. Quelquefois

c'est une Coquette aimable qui m'amuse par
son esprit. Enfin, tous les jours elle change
d'attitudes, de graces, de caracteres, d'habits,
et de visage même, si vous voulez. Elle frape
mon imagination, elle l'anime; l'imagination
avertit le cœur de désirer, lui porte de l'a-
mour, le séduit; et dans un seul objet je
trouve Monime, Phédre, Céliméne, et
Chloé..... Mais cela me rappelle qu'elle joue
aujourd'hui dans une Piéce nouvelle; c'est
un pucelage, je vais la voir. » En achevant ces
mots, il sortit véritablement.

C'est souvent un malheur d'avoir de l'esprit. Il nous arrange une morale selon nos
passions; il pare tout ce qui plaît au cœur.
Rien n'est au-dessus de ce qu'il touche, il le
place toujours avantageusement. Cela me
rappelle Mahomet, qui donna l'entrée du
Paradis à son Chameau, en considération des
bons services qu'il lui avoit rendus.

Je voudrois bien que mes Lettres te fissent
autant de plaisir que j'en ai à t'écrire; il me
semble que je m'entretiens avec toi, et je
trompe ainsi pour quelques momens le chagrin que j'ai d'en être séparée. Adieu, ma
chere Fatime.

LETTRE VI.

Rosalide a Fatime.

On ne peut rien voir de plus charmant qu'une Femme qui entra hier dans une maison où j'étois. Sa démarche imprimoit. Elle prit sa place avec une politesse qui se répandit sur toute la compagnie. Son silence même étoit expressif. Ses yeux sembloient annoncer de la tendresse à ceux qui lui parloient, quoique son dessein ne fût que de leur marquer de l'attention. Elle répondoit à tout avec cet enjouement qui met en œuvre les plus petites choses, qui les rend brillantes, et donne un air de nouveauté aux plus communes. Je sentois un secret plaisir à respirer l'air qu'elle souffloit.

« Cette Dame, me dit un jeune homme en s'approchant de moi, orneroit, je crois, quelque Serrail que ce fût. Quelle taille! quels yeux! quelles couleurs vives et mêlées! que d'esprit! quelle vivacité! » Et en finissant cet éloge, il baissa les yeux tristement.

« Il me semble, lui répondis-je, qu'une aussi belle personne ne doit point vous faire réfléchir de cet air-là, et, fait comme vous l'êtes, on peut toujours espérer de plaire. — Ah! me répliqua-t-il, je suis aimé; je connois même tout le prix de cet amour et tous les charmes de celle qui m'aime. Mais la justice que lui rend ma raison ne pénétre point jusqu'à mon cœur; il ne s'anime plus, je ne le sens plus touché. La liberté que j'ai d'être heureux me rend paresseux dans mes desirs, et m'ôte, pour ainsi dire, le goût et l'agrément de l'être. Cette Dame, enfin, est ma Femme. »

Tu vois, ma chere Sœur, que le mariage en France n'arrête pas plus qu'ailleurs les retours du cœur, et qu'il semble même qu'il les précipite. Comment les arrêteroit-il dans un Serrail, où tout engage à l'inconstance? L'Amour est un mouvement dans l'ame, qui s'éteint presque toujours par l'assurance trop certaine de la possession.

J'ai vu notre Pere, en Turquie, éprouver cette sécheresse de cœur, qui s'augmentoit encore par les reproches qu'il s'en faisoit à l'aspect de vingt Femmes aimables dont il étoit le Seigneur et Maître, et dont il ne pouvoit s'empêcher d'admirer la beauté. Quelles sommes considérables n'a-t-il pas prodiguées pour s'acquérir une Esclave dont les charmes ne l'inquiétoient plus dès qu'elle étoit dans son Serrail? Et souvent il la troquoit contre un diamant, qu'il renfermoit dès ce jour-là, et qu'il ne regardoit plus dès qu'il étoit à lui.

Console-toi donc, ma chere Fatime. Le pouvoir de ta beauté sera toujours le même. La curiosité seule de ton Mari pour un objet nouveau a, pour un tems, interrompu l'intelligence de tes charmes avec son cœur. Ils ne sont point effacés; ils reprendront leur empire, il est trop naturel! Ils te rameneront bientôt ce révolté : j'appelle ainsi tout ce qui peut vivre dans leur indépendance après t'avoir vûe.

Sur-tout, dévore ta douleur et tes larmes en présence de l'ingrat. Affecte même une gayeté, qui s'éteigne cependant quelquefois dans la rêverie : il y fera attention. Parle-lui avec indifférence et sans reproches, cela le piquera. Quand il paroîtra revenir, il ne faut pas que la tendresse de ton cœur te trahisse. Dis-lui que son infidélité t'a rendu la liberté. Les refus l'animeront, il t'exprimera les sentimens les plus tendres. Commence à céder peu à peu (car il est le Maître enfin), mais qu'au milieu des plaisirs il croye que son retour ranime une passion offensée et prête à s'éteindre. Economise ensuite le fond de tendresse que tu as pour lui, de façon qu'en te quittant il entrevoye toujours quelque chose de plus que ce qu'il n'a reçu encore. On peut, ma chere Sœur, employer au culte du véritable amour les ornemens de la coquetterie.

J'espère qu'avant de recevoir ma Lettre, ton cœur sera tranquille. Peut-être l'est-il déja? Peut-être m'écris-tu, dans ce moment, qu'enchaînée dans les bras de ton infidéle, ton ressentiment a été moins vif dans sa douleur que ta tendresse dans le plaisir de se raccommoder. Cette idée seule me comble de joie ; et je t'aime tant que je crois mon cœur d'accord avec ta situation. Adieu.

LETTRE VII.

ROSALIDE A FATIME.

J'ÉTOIS l'autre jour chez une Dame, dont j'ai reçu mille amitiés à mon arrivée dans cette Ville, et qui m'a toujours prévenue depuis sur tout ce qui peut intéresser une Etrangere dans un pays où elle ne connoît personne. Je la trouvai distraite, rêveuse, inquiéte. La familiarité où nous vivons ensemble m'engagea à m'expliquer, et à lui demander si je ne la contraignois point.

« Au contraire, me dit-elle en soupirant, je suis bien aise d'avoir une amie avec qui me soulager un peu, en lui confiant l'état où je suis. J'aime, continua-t-elle, et j'aime un ingrat, qui ménage d'autant moins mon cœur qu'il s'en croit plus le maître. Il y a quatre jours que je ne l'ai vu, quoique j'apprenne de tous ceux qui viennent ici qu'il se multiplie, pour ainsi dire, et qu'on le trouve par tout. »

Elle fut interrompue dans ce moment; et à son agitation, je reconnus aisément pour l'ingrat dont elle parloit un jeune homme qu'on annonça, et dont la figure, il est vrai, étoit brillante. Une démarche noble et aisée, une physionomie fine et ouverte, le port de tête d'un jeune Héros, le rendoient charmant à l'apparence. Mais que ses maniéres me firent juger autrement de son cœur !

« Il y a long-tems qu'on ne vous a vu, Monsieur, lui dit mon amie. — Que voulez-vous, Madame? répondit-il presque sans la regarder. On a des amis ; j'ai fait deux dîners-soupers, qui ont été poussés fort avant dans la nuit, j'ai dormi le jour, j'ai vu mes Chevaux, j'en ai vendu, j'en ai acheté, j'ai joué, j'ai perdu, et je suis en quête de quelque Juif qui me prête de l'argent. »

En achevant ce beau détail, il appela un grand Chien qu'il avoit amené avec lui, le caressa, lui jetta son mouchoir, se le fit apporter; il lui parla long-tems, et ne nous adressa la parole à notre tour que pour nous le vanter. Il se léve ensuite, se regarde au miroir en prenant du tabac, et, par une révérence subite, il annonce sa retraite.

« Quoi ! vous sortez si vîte ? lui demanda ma trop foible amie. Vous reverra-t-on ? — Oui, cela se pourra, répondit-il de la porte.... ce soir.... un de ces jours. »

Voilà, ma chere Sœur, comme j'ai vu un François traiter une Femme dont il étoit aimé ; et ce François ressemble à bien d'autres. Plus ils se croyent aimables, et plus ils regardent précisément les Femmes par rapport à eux uniquement. Ne trouves-tu pas que leurs façons approchent beaucoup des mœurs dégagées et humiliantes des Turcs pour notre Sexe ? Ils sont même plus barbares.

Un Turc achéte une Femme ; elle n'est pas maîtresse de n'être pas à lui. Il ne lui a donc nulle obligation de sa possession. Il l'enferme dans un Serrail, où il est, en quelque façon, en droit de ne l'aller voir que quand son plaisir l'y engage. Mais, en France, une Femme est libre ; elle pouvoit se déterminer en faveur de tout autre que de l'amant à qui elle donne son cœur. Il la séduit, et, dès qu'il se l'est acquise, dès qu'il l'a enfermée, pour ainsi dire, dans l'idée séduisante d'être aimée de lui, il ne la voit plus qu'en passant. Voilà l'ingratitude. Le Turc n'est qu'inconstant dans ses amours. Le François est ingrat.

Tu me diras qu'en France une Femme est libre de changer. Mais combien l'amour propre ne souffre-t-il point? Le changement même dans notre Sexe a quelque chose de honteux. Le cœur n'obéit pas si-tôt; la vertu revient et y soutient un ingrat qui l'en avoit écartée. L'infidélité est toujours bien sensible, mais sur-tout à un cœur qui a choisi lui-même le traître qui l'outrage.

A mes réflexions, ne sembleroit-il pas que je serois dans le cas? Je n'y suis point, en vérité, et je te souhaite autant de satisfaction, où tu es, que l'amour de Mazaro m'en donne ici. Adieu, ma chere sœur.

LETTRE VIII.

ROSALIDE A FATIMÉ.

Un jeune Officier fut présenté l'autre jour, par un de ses amis, chez une Dame où il joua. Après le jeu, il y soupa, et après le souper, il s'étendit dans un sopha, d'où avec empressement, et de l'air d'un homme qui n'est pas accoutumé à être refusé, il offrit à cette Dame tous les services d'un tendre Cavalier. Jugeant l'affaire assez entamée, il se léve, il se chauffe le dos à une cheminée, et demande légérement à un gros homme vêtu de noir, qui s'étoit écarté pour lui faire place : « Monsieur, quoique je ne déplaise pas dans cette maison, j'y suis tout nouveau, j'y entre pour la premiére fois. La

Maîtresse est jolie. Faites-moi le plaisir de me parler. A-t-elle quelqu'un sur son compte? J'ai dessein de m'y mettre. Est-elle Veuve?— Non, lui dit-on. — Ah! elle est mariée, continua cet étourdi. Où est donc son benêt de mari? — Le voici », lui répondit le gros homme, en marquant cette annonce d'une profonde révérence.

Dans ce pays-ci, une Femme du bel air anéantit, pour ainsi dire, son mari, il n'en est point fait mention. Rarement fréquente-t-il dans son appartement; et si par un grand hasard on l'en voyoit sortir, on le prendroit, le plus souvent, plûtôt pour un Créancier qui vient de faire arrêter ses comptes que pour le Maître du Logis. Adieu, ma sœur, ainsi soit un jour où tu es!

LETTRE IX.

ROSALIDE A FATIME.

Un Prince respectable par sa nais-sance, et très-estimable par son es-prit, sa politesse et mille autres belles qualités, est devenu amoureux d'une Actrice. Il le lui a fait déclarer, c'est-à-dire qu'il lui a fait proposer mille écus par quartier. Cette Actrice a répondu généreusement qu'elle aimoit et qu'elle étoit aimée d'un jeune homme qu'elle ne voudroit pas, pour toutes choses au monde, désespérer en l'aban-donnant la premiere; mais que, si le Prince n'étoit pas bien pressé, elle s'arrangeroit de

façon à pouvoir répondre à ses bonnes intentions au plus tard dans quinze ou vingt
jours.

Pour mettre la main à l'œuvre, elle a em-
mené dès le lendemain son amant à une petite
maison de campagne où ils sont seuls. Ils ne
voyent qu'eux; ils ne sortent jamais, bec à
bec l'un devant l'autre; tant que les jours
durent, ils ne se parlent que de leur passion.
Elle espére qu'à force de se voir ils s'en-
nuyeront, ils se lasseront, ils s'importuneront,
et se quitteront ainsi sans regret, et sans
pouvoir se plaindre l'un et l'autre.

Je ne sçais si le moyen qu'emploie cette
pauvre fille sera efficace, mais enfin elle s'y
prend de son mieux; elle s'exécute pour tâ-
cher de mériter la dot que le Prince lui promet, et elle seroit bien malheureuse si elle
ne réussissoit pas dans ses bonnes intentions.

Puisque je suis en train de te conter des
Aventures, je vais t'en écrire une autre plus
relevée, mais dont la fin n'est pas moins bi-
sarre. On en raisonna beaucoup hier chez
moi. Les uns disoient qu'un homme ne pouvoit penser ainsi. Les autres trouvoient les
sentimens de la Femme encore plus particu-

liers. Pour moi, je crois que les uns et les autres sont dans la nature. Le cœur se remue de tant de façons différentes que rien de ce qui se fait ne me surprend.

HISTOIRE

DU

COMTE D'AMILLE.

L E Comte d'*Amille*, issu d'une des plus grandes Maisons du Royaume, étoit arrivé depuis quelque tems à Paris, pour y apprendre tous les exercices convenables à un homme de sa naissance. Passant un jour assez vîte aux Tuilleries dans une des allées de traverse, il fut frapé de l'air et des graces d'une jeune Demoiselle qui se promenoit seule avec sa mere. Il sembloit que ces deux personnes timides n'osassent point se mêler dans le brillant du monde, qu'elles regardoient cependant de loin avec curiosité.

Le Comte, pour ne rien affecter, acheva son tour, et, en repassant, fut véritablement touché de ce qu'il avoit admiré d'abord. Sans penser à aller réjoindre sa Compagnie dans la grande allée, il n'étoit occupé que du plaisir de bien posséder l'idée de tant de charmes.

A l'âge de seize ans, qu'il avoit alors, le cœur, rempli de desirs, ne cherche qu'un objet qui le fixe; et presque tous les jeunes gens, entre les beautés qu'ils voyent, en choisissent une qui devient plus chere à leur imagination, et à qui ils sacrifient, sans lui avoir peut-être jamais parlé.

Quand ces deux personnes sortirent, le Comte les suivit. Il fut où elles logeoient; et s'étant informé plus particulierement, on lui apprit qu'un Procès considérable les retenoit à Paris, où elles ne connoissoient pas grand monde. Il chercha aussitôt les moyens de s'introduire chez elles, et le hasard le favorisa. Un Musicien logeoit dans la même maison. Il s'adresse à lui, sous prétexte d'apprendre la Musique. Mais, comme son nom trop connu l'auroit rendu suspect, et même eût été un obstacle aux visites qu'il vouloit faire à des personnes qui s'en seroient senties trop honorées pour en souffrir l'assiduité, il prit celui de *Vareil*. C'étoit un jeune homme d'une naissance ordinaire, qui montoit à la même Académie que lui, et qui lui ressembloit assez.

Le Musicien assembloit un Concert deux fois la semaine. D'Amille ne fut pas long-tems sans voir Mlle d'*Eran* (c'étoit le nom de celle qu'il aimoit) et sans avoir occasion de lui parler. Il donna plusieurs fois la main à sa mere pour la remettre dans son appartement, et lui demanda enfin la permission d'y venir faire sa partie de jeu, quand elle le souhaiteroit.

On lui répondit gracieusement, et il eut ainsi la satisfaction d'être tous les jours auprès d'une charmante personne, dont les manieres présageoient favorablement à son amour. Elle ne détournoit les yeux de dessus lui que quand elle croyoit qu'il s'appercevoit de son attention, qu'elle promenoit alors un moment avec indifférence; mais il en redevenoit bientôt l'objet fixe.

Le Comte, quoique, pour ainsi dire, un enfant encore, étoit né avec un penchant si heureux pour les Femmes qu'il s'étoit débarrassé de très-bonne heure d'une certaine timidité ordinaire à la grande jeunesse. Il étoit vif, entreprenant, et, dès qu'il trouva l'occasion de se déclarer à Mlle d'Eran, il ne la laissa pas échaper.

« Mademoiselle, lui dit-il un jour qu'elle étoit seule, je puis donc suivre enfin l'empressement que m'inspire l'amour le plus tendre ! Je puis vous parler d'une passion dont mes yeux vous ont déja prévenue dès qu'ils vous ont vûe; s'ils ont suivi les mouvemens de mon cœur, daignez me regarder; daignez m'apprendre si l'Amant le plus soumis, le plus passionné, peut espérer jamais de vous plaire.

— En vérité, Monsieur, lui répondit-elle, quand même je penserois comme vous le souhaitez, me croyez-vous capable d'en faire l'aveu avec tant de facilité?... — Hé ! pourquoi ne le feriez-vous pas, Mademoiselle? interrompit d'Amille, en interprétant trop favorablement peut-être cette réponse : pourquoi me faire attendre? Mon amour est à un point qu'il ne peut plus augmenter; et mon cœur joindroit à l'obligation d'être reçu celle de n'avoir point langui dans l'incertitude de son sort. » En prononçant ces mots, il se jetta à ses genoux avec un empressement qui alarme l'innocence d'une jeune personne qui entend pour la premiere fois une déclaration d'amour, et qui se trouve seule avec un Amant qui lui plaît.

« Monsieur, dit-elle toute émue, et retirant avec fierté sa main, qu'il vouloit baiser, relevez-vous, et cessez des façons qui m'offensent.—Je n'en dois donc point douter? reprit-il, vous me haïssez? Je tâcherai de prendre sur mon inclination pour vous épargner une vûe qui vous importune ... »

Mme d'Eran, qui entra dans le moment, ne s'apperçut point du trouble de sa fille. Le Comte resta quelque tems encore, affectant d'être froid et rêveur; et enfin il sortit.

Il ne doutoit presque point d'être aimé. Il crut qu'il devoit, par une absence de quelques jours, inquiéter sa Maîtresse, accoutumée à le voir, et l'obliger, par les réflexions qu'elle feroit, à s'avouer à elle-même les sentimens qu'elle avoit pour lui.

Véritablement, le lendemain, l'heure où il se rendoit ordinairement étant déja passée, elle fut inquiéte; et le jour d'après, ne le voyant point encore, elle commença à se rappeller toute leur conversation, à s'accuser d'un peu trop de fierté, et à desirer enfin qu'il revînt. Tel est le cœur d'une jeune personne qui aime : il n'est jamais tranquille; elle se reproche toujours, soit qu'elle ait accordé à l'Amour, soit qu'elle ait accordé au devoir.

Elle étoit dans ces sentimens, lorsqu'elle trouva d'Amille chez le Musicien. D'un air distrait, il écoutoit le Concert. Quand il fut fini, il s'approcha d'elle, comme par hasard, et lui présenta la main avec un respect où l'on ne pouvoit démêler si c'étoit simplement une extrême politesse ou le retour d'un Amant plus soumis. « Je n'oserois, dit-il quand il l'eut ramenée à la porte de son appartement, présenter chez vous, Mademoiselle, un Amant que vous haïssez : je respecte trop tous vos sentimens. — Hé ! pourquoi vous haïrois-je, Monsieur ? répondit-elle. — Ah ! si vous ne m'aviez pas haï, vous m'aimeriez, répliqua le Comte. Il a fallu toute la force d'une antipathie naturelle pour fermer votre cœur et pour le prévenir contre un amour aussi tendre que le mien. — Vous vous trompez, dit Mlle d'Eran, de ce ton embarrassé que l'Amour rend encore plus touchant dans une bouche timide; je ne vous hais point, je vous assure, je vous le répéte, et je vous le répéterai toute ma vie avec plaisir. Mais vous désirez de moi un aveu..... Ha! si vous me l'arrachiez, je serois désormais avec vous confuse, interdite, craintive; je n'aurois plus, je crois, d'agrément à m'y trouver. Voudriez-vous que cela fût? »

D'Amille étoit si enchanté de ce qu'il entendoit qu'il n'avoit pas la force de parler. Ses regards, en redoublant le trouble de sa Maîtresse, en arrachoient, dans le silence même, un aveu plus expressif que toutes les paroles. L'Amour ne perd jamais ses avantages entre des cœurs également épris : il a le sentiment trop fin pour n'être pas prompt à profiter de tout; et la charmante d'Eran, qui n'avoit pas voulu parler pour avouer sa tendresse, parla pour faire ressouvenir son Amant de tout ce qu'elle faisoit pour lui, et de lui être fidéle.

Ils étoient au comble de la joie. Ils se

voyoient, ils se parloient tous les jours; ils s'écrivoient dans les momens où ils ne pouvoient être ensemble; il sembloit que leurs cœurs fussent jaloux et rivaux : ils tâchoient à se surpasser toujours l'un l'autre par leur tendresse, et par mille façons différentes de se la marquer.

Mais il n'est pas de bonheur durable. Le Comte, un matin, à l'Académie, sur un rien, s'étoit emporté avec mépris contre Vareil, dont il prenoit toujours le nom chez sa Maîtresse. Ce jeune homme sensible voulut en avoit satisfaction, et, le rencontrant le soir dans une rue peu éloignée de celle où logeoit Mme d'Eran, il lui fit mettre l'épée à la main. Le Comte fut d'abord légérement blessé; mais enfin il eut l'avantage, et perça de deux coups son ennemi, qui tomba en expirant. Il se réfugia avec précipitation chez un de ses parens, qui l'envoya aussitôt dans sa Province, en attendant qu'on pût obtenir sa grace.

Quelle fut la douleur de la jeune d'Eran lorsqu'on vint lui dire que deux jeunes gens s'étoient battus, et que l'un, nommé Vareil, avoit été tué! Elle ne ménagea plus rien. Elle

ne se soucia plus que sa mere connût jusqu'où étoit allé l'excès d'une passion qu'elle
avoit toujours pris tant de soin de lui cacher.
Elle s'abandonna à tout son désespoir. Son
Amant lui revenoit sans cesse à l'esprit, l'é-
pée à la main, tout sanglant. Quel objet!
quelle différence de ces momens à ceux où
elle l'avoit vû tant de fois!

Je suis si lasse d'écrire, que tu attendras à
une autre fois pour apprendre le dénoue-
ment. Adieu, ma chere Fatime.

LETTRE X.

FATIME A ROSALIDE.

JE suis encore dans une vraie colére. Un homme est venu voir mon mari, et, d'une Jalousie couverte d'un voile épais, j'entendois toute leur conversation.

Ce scélérat, d'un ton froid et magistral, se moquoit non-seulement de la Religion de Mahomet, mais de toutes en général. « L'orgueil, disoit-il, d'être Chef de Secte, secondé de la politique humaine, en a jetté les fondemens; et l'on a cru que des idées de châtimens après la mort seroient une barriere contre les mauvais penchans de la nature. L'homme, qui ne se sépare jamais de l'amour de son Etre, s'est persuadé facilement qu'il trouveroit des plaisirs même après le dérangement total de la machine. Pour mes opinions, continuoit-il, elles sont fixes; enfin, j'ai arrangé mon systême en homme d'esprit, et je m'y suis renfermé en homme sensé. »

Quand cet impie est sorti, mon mari s'est rendu auprès de moi. « Que répondriez-vous, lui ai-je demandé, à quelqu'un qui viendroit vous annoncer que vous prenez des peines inutiles, que vos enfans ne seront jamais heureux quelque soin que vous donniez à leur éducation, que vos honneurs seront détruits, que vos biens seront confisqués, et qui ne fonderoit ces fâcheuses nouvelles que sur quelques réflexions vagues qu'il auroit faites pendant la nuit? Ne le regarderiez-vous pas comme un ennemi, qui, jaloux de votre bonheur, s'amuse de l'imagination qu'il ne durera pas?

— Sans doute, a répondu *Sahallibecz*.
— Hé bien, lui ai-je répliqué, pourquoi avez-vous donc écouté si patiemment, et avec une apparence d'attention, ce scélérat qui vient de sortir, et qui tâche de vous persuader qu'en trente ou quarante ans d'ici tout sera anéanti

à votre égard; qui a voulu vous ôter la douceur de réfléchir qu'un Etre suprême s'inté-
resse à vos actions, et que vous pouvez vous
rendre digne de ses graces et des plaisirs
éternels qu'il vous prépare dans des lieux
fortunés? »

Que les hommes sont étranges! ma Sœur :
ils haïssent non seulement celui qui s'oppose
à leur fortune sur la terre, mais même celui
qui ne paroît pas d'abord en accepter l'au-
gure; dans le tems qu'ils demeurent tran-
quilles aux discours d'un scélérat qui cherche à obscurcir leurs idées sur la bonté de
Dieu!

Selon notre Religion, les femmes n'entrent
point en Paradis. Ce n'est donc pas d'un
cœur intéressé que j'aime Dieu; mais l'idée
que je m'en fais me ravit sans cesse. Sans
espoir de récompense, je sens un plaisir secret à suivre les commandemens de celui qui
peut tout. Je recherche en lui mon origine
avec une complaisance, pour ainsi dire, or-
gueilleuse. J'aurois honte de rien faire qui
me dégradât d'un Ancêtre si noble, si grand,
éternel, infini, tout-puissant; et j'entretiens
avec délice une pureté qui ne peut qu'être

agréable à l'Etre qui en est la source infinie.

Tu m'écris, ma chere Rosalide, ce qui se passe au milieu d'un grand monde avec qui tu es en société. Tu tâches de m'amuser toujours par quelque aventure nouvelle. Je t'en suis obligée. Pour moi, renfermée dans un Serrail où je ne vois personne, je ne puis t'entretenir que des méditations que je fais dans le silence et la retraite où m'attache mon sexe. Le Serrail n'est point un esclavage quand on en aime le Maître et qu'il nous chérit. Le desir de la liberté n'est qu'un libertinage de l'imagination, qui punit le cœur, par des souhaits violens qu'on ne peut satisfaire, du peu d'attachement qu'il a pour ses devoirs. Adieu, ma chere Rosalide.

LETTRE XI.

ROSALIDE A FATIME.

JE suis révoltée d'un vice qui régne communément ici parmi les plus honnêtes gens. La médisance est l'ame de toutes les conversations. Hier, une femme me vint voir. Notre entretien roula sur une autre, avec qui je suis assez souvent. « Elle est belle, me dit-elle; mais il y a long-tems. On lui trouve de l'esprit; mais au vrai elle n'a que du jargon. Sa vie est retirée, continua-t-elle : je ne sçaurois croire cependant comme le public, qui s'imagine qu'un Abbé qui demeure dans sa maison la fait se retrouver toujours avec plaisir dans son domestique. »

Elle n'achevoit pas ces mots, que la per-

sonne qu'elle déchiroit si cruellement entra.
« Hé! bon jour, ma bonne amie, lui dit cette
perfide en s'avançant à elle et en l'embrassant :
nous parlions de vous, Madame et moi. »

Est-il possible qu'une Nation qui pense
aussi délicatement que la Nation Françoise
ne marque ordinairement son esprit dans la
société qu'aux dépens de la réputation de
ses compatriotes, et qu'on y appelle politesse
la lâcheté d'accabler de caresses une personne dont on parle avec mépris en son absence? Pour ne pas tomber dans la morale,
je ne te parlerai pas davantage d'un vice
qu'on ne punit point, parce que l'usage l'emporte sur la justice. Je vais t'écrire la fin de
l'Histoire du Comte d'Amille.

SUITE DE L'HISTOIRE

DU

COMTE D'AMILLE.

SON Pere, ne le croyant pas en sûreté dans sa Province, l'envoya voyager en Italie, où il menoit depuis près de neuf ans une vie errante, lorsqu'enfin son affaire s'accommoda en France. Il eut la permission d'y revenir, et la Cour lui accorda l'agrément pour un Régiment.

Le mois d'Avril étant arrivé, il le joignit. On le mena chez les premieres Dames de la Ville où il étoit en Quartier. Quelle fut sa surprise, en entrant dans une maison, d'y trouver Mlle d'Eran! Et quelle fut celle de

8

cette personne, à la vûe d'une ressemblance si parfaite avec ce qu'elle avoit aimé! (Car cette aventure ne pouvoit passer que pour une ressemblance dans son esprit.) Elle considéroit le Comte avec un saisissement dont il sçavoit seul la cause, et dont il eut la dureté de vouloir se divertir encore quatre ou cinq jours avant de se découvrir. Il affecta donc toute l'indifférence d'un homme qui voit les personnes pour la premiere fois, et, après quelques discours que la politesse exige, il sortit avec les Officiers qui l'avoient accompagné.

Il y retourna le lendemain, de meilleure heure : il trouva sa premiere Maîtresse seule. Elle trembla d'abord à sa vûe. Après quelques propos indifférens : « Madame, lui dit-il, vous me regardâtes hier avec une attention qui me feroit presque me flater de ressembler à quelqu'un qui vous touche. — Je ne vous le cacherai point, répondit Mme d'*Accis* (c'étoit le nom qu'avoit pris Mlle d'Eran en se mariant), vous ressemblez si parfaitement à un jeune homme que j'ai connu à Paris…. — Et que vous ne haïssiez pas, sans doute, interrompit d'Amille en souriant mali-

gnement. Et qu'est-il devenu, continua-t-il ?
— Il fut tué, Monsieur, par un barbare dont
je n'ai jamais sçu le nom. J'étois inconso-
lable. Ma mere finit ses affaires à Paris :
je fus charmée de quitter un lieu qui me
rappelloit sans cesse des idées cruelles. Elle
me ramena en Province, où je suis mariée
depuis un an. » En achevant ces mots, ses yeux
se mouillerent de larmes, et, pour cacher l'é-
tat où elle étoit à des Dames qu'on annonça
dans le moment, elle passa dans une autre
chambre, sous prétexte de donner quelque
ordre.

D'Amille étoit attendri. Mais la bisarrerie
de son imagination lui fit bientôt trouver
fort plaisant de travailler à se détruire lui-
même dans un cœur qu'il possédoit encore.
L'idée d'être son propre rival, et de se mul-
tiplier pour triompher deux fois de la même
personne, lui parut trop amusante pour l'a-
bandonner.

Il commença dès le lendemain à étaler tout
le brillant de la situation d'un jeune Colonel
magnifique dans une ville de Province où
est son Régiment. Il anima les plaisirs; il
donna des bals, dont Mme d'Accis étoit tou-

jours la Reine. Mais ses soins, ses assiduités,
sa magnificence, son esprit, sa figure et ses
graces, ne servoient qu'à ranimer dans le
cœur de cette femme constante tout ce qui
lui avoit plû dans Vareil, sans l'intéresser
pour le Comte. Un jour qu'il avoit dansé
avec l'applaudissement de tout le monde, il
s'apperçut qu'elle se couvroit le visage de
son évantail, pour dérober des pleurs qui lui
échapoient ; et il se rappella qu'il avoit au-
trefois éxécuté cette même danse avec elle à
Paris. Il étoit presque aussi piqué que si
elle lui avoit donné un véritable rival à com-
battre. Le cœur, apparemment, usé sur la
tendresse qu'il avoit eue pour Mlle d'Eran,
il ne se soucioit plus d'en être aimé ; mais,
pour satisfaire au jeu de son imagination, il
vouloit s'en faire aimer. Il ne se soucioit
point d'être l'objet de sa constance : il vouloit
l'être d'une infidélité.

« Au lieu de vous entretenir, lui répétoit-il
souvent, dans la douleur que vous cause un
homme qui n'est plus, ne feriez-vous pas
mieux de vous attacher à moi, qui suis très-
vivant, puisque vous y trouvez une ressemblance si parfaite avec votre Amant ?

— Oui, Monsieur, lui répondit-elle en soupirant, ce sont les mêmes traits dans la figure, le même port de tête, les mêmes gestes, les mêmes manieres, le même ton de voix; c'est le même enjouement et la même politesse dans l'esprit : je trouve en vous tout ce qui étoit en lui. Mais vous n'êtes pas lui, et c'étoit à lui que j'étois attachée. Mon cœur fait entre vous deux une différence que mes yeux ne peuvent appercevoir. Je reçois toutes les attentions que vous avez pour moi avec reconnoissance, mais je pense toujours avec tendresse à Vareil. Quand même je flaterois votre passion, quand même je vous comblerois de faveurs, vous ne seriez jamais content : vous croiriez toujours que je sacrifierois aux traits que vous portez, et que ce n'est point votre seule personne que j'aime. Croyez-moi, Monsieur; c'est dommage qu'un Cavalier aussi bien fait perde son tems. Attachez-vous à une autre, qui se trouvera heureuse de vous occuper.

— Quoi! interrompit le Comte, vous voudriez que je m'attachasse à une autre? Vous verriez sans chagrin mon amour pour elle? Ah! c'en est trop; il faut cesser la feinte. »

Alors il lui dévelopa tout le mystère. Il lui fit connoître que Vareil et le Comte d'Amille n'étoient que le même, et, par toutes les circonstances qu'il lui rappella, elle ne put en douter.

Elle étoit dans une surprise et dans un silence dont il étoit impossible de démêler les sentimens. Enfin, elle embrassa le Comte avec cette sorte de joie que ressent une mere qui revoit un fils qu'elle a cru perdu, et dont la conduite mériteroit des reproches, qu'étouffe le plaisir de le retrouver. Il étoit très-tard : elle le pria de se retirer; et le lendemain, à son réveil, il reçu cette Lettre :

AU COMTE D'AMILLE.

Depuis la mort de Vareil, Monsieur, je n'avois jamais passé deux heures dans le jour sans penser à lui. Je me rappellois sans cesse l'Histoire de nos Amours. L'idée que, s'il n'avoit pas été tué, il m'aimeroit encore, me touchoit sensiblement sur sa perte. J'avois du plaisir à connoître la bonté de mon cœur, qui ne l'oublioit point, et qui me faisoit toujours verser des larmes. Je m'entre-

tenois avec complaisance dans ma douleur :
mon esprit trouvoit avec elle une compagnie
dont il ne s'ennuyoit point, parce qu'il en
avoit pris le caractere mélancolique. Vareil
n'auroit jamais eu de rival après sa mort.
J'ai vu avec une joie entiere qu'il étoit vivant. Mais, après avoir bien consulté mes
sentimens toute la nuit, j'ai connu que je ne
m'intéressois plus à lui depuis que je le sçavois heureux, et que je ne le regardois,
enfin, que comme un aimable Cavalier qui
mérite l'estime de tout le monde. Je vais à
la campagne trouver mon mari, à qui je
porte un cœur que la douleur lui enlevoit.
Je serai charmée toute ma vie d'avoir quelque occasion de vous obliger; mais l'Amour
est entiérement éteint. Je n'en puis douter, à
l'indifférence avec laquelle je réfléchis à la
dureté que vous avez eue de me laisser pleurer (sans en être attendri) un homme qui me
parloit tous les jours, et qui auroit dû me
tirer d'inquiétude dès que son affaire lui
arriva. Je suis, Monsieur, votre très-humble
et très-obéissante servante,

D'Eran d'Accis.

« Cette femme étoit attachée à une passion chimérique ; elle n'aimoit véritablement ni moi ni ma personne, dit le Comte en lisant cette Lettre, puisqu'elle n'a pas été touchée des soins que je lui ai rendus dans un tems où je suis, sans contredit, plus aimable que je n'étois lorsqu'elle m'a vu pour la première fois. »

Il se leva ensuite, s'habilla, badina de cette aventure avec les Officiers de son Régiment, et partit quelques jours après pour Paris.

Fin de l'Histoire du Comte d'Amille.

LETTRE XII.

ROSALIDE A FATIME.

QUELLE est l'idée de Mahomet de nous exclure de son Paradis? Est-ce par mépris de notre Sexe? « Non, disoit l'autre jour un François. Mais, comme il vouloit faire espérer à ceux qui le suivoient un Paradis absolument sensuel après la mort, il s'est bien donné de garde de leur laisser soupçonner qu'ils y pourroient retrouver leurs femmes. Vous êtes encore heureuses, ajouta-t-il, que les principes de la nouvelle Philosophie ne lui ayent point été connus : car il n'auroit pas manqué de dire que les Femmes ne sont que de simples Machines; et tous les Turcs, sur la foi de cet

9

Oracle, vous auroient regardées comme des Montres, plus ou moins bien travaillées, selon que vos mouvemens se seroient accordés avec leurs caprices. »

Pour entendre ceci, ma Sœur, il faut que tu sçaches qu'il s'est levé depuis cent et quelques années une Secte de Philosophes qui soutiennent que les Bêtes n'ont point d'Ame; qu'elles n'ont point de sentiment du tout; qu'elles ne reçoivent ni plaisirs, ni peines, et qu'elles ne sont enfin que des Ouvrages d'une Méchanique industrieuse.

Les autres principes de cette Philosophie ne sont pas moins nouveaux à l'esprit. Je te dirai même qu'ils doivent paroître très-ridicules à une jolie Femme qui ne veut point se détacher des charmes qu'elle croit posséder. Si l'un de ces Philosophes étoit amoureux de toi, et qu'il continuât cependant de raisonner toujours conséquemment aux opinions de sa Secte, il te soutiendroit effrontément que tes yeux ne sont point brillans, que ton nez n'est pas fait au tour, que ta bouche n'est point petite, et que cette blancheur et ce rouge qui se mêlent si agréablement sur ton visage n'existent point. « Tous

ces charmes, diroit-il, sont des pensées de
mon Ame, qui les répand sur votre personne,
à peu près comme ces couleurs que vous di-
versifiez sur un canevas quand vous travaillez
à la Tapisserie. »

Tu enverrois promener cet Amant avec ses
visions, et tu ferois bien : il n'est pas agréable
d'avoir tant d'obligation aux gens.

LETTRE XIII.

FATIME A ROSALIDE.

J'AI un meilleur cœur que le tien, ma Sœur. Quelques raisons que l'on m'apportât, on ne pourroit jamais me déterminer à penser que mon Pere, mes Freres, mes Amies et mes Parens sont malheureux pour toujours. Je les ai vu mourir bons Musulmans. Il faudroit, si j'entrois dans la Religion que tu as embrassée, que mon esprit se prêtât à l'idée horrible d'un tourment éternel où ils sont condamnés. Ah! je n'aurois jamais cette dureté-là. Je frémis même d'y penser! Comment peux-tu l'avoir eue? Leur mémoire m'est si chere que, pour m'opposer au moindre outrage

qu'on y voudroit faire, j'exposerois mille fois
ma vie avec plaisir. Je lis avec attachement
les passages de l'Alcoran où la félicité des
Fidéles est écrite, par la part que je crois
qu'ils y ont. J'étois ce matin au Chapitre sur
le Jugement.

« Il n'y a qu'un Dieu, éternel, infini, tout-
« puissant et tout miséricordieux, qui a en-
« voyé son Prophéte pour vous instruire. Il
« n'est point Prophéte, disent les impies; il
« boit, il mange, et marche comme nous
« dans les rues. Mais quand le jour épou-
« vantable pour eux viendra, ils voudroient
« être le plus petit atôme. Au son de la trom-
« pette, les Cieux s'ouvriront de foiblesse :
« ils seront emportés, comme un voile que
« les vents furieux agitent dans les airs : le
« Firmament ressemblera à de l'or fondu
« qui bouillonne; les Montagnes seront sem-
« blables à de la laine cardée qui s'abaisse;
« le Soleil, la Lune et les Etoiles tomberont
« dans la flamme dévorante, qui s'élancera
« comme une Mer agitée; la Terre sera
« blanche, et les Corps qui sortiront de tou-
« tes parts de son sein couvriront sa surface.
« Les Fidéles qui sont fermes dans leur Foi,

« qui font des aumônes à la veuve, à l'or-
« phelin et aux prisonniers; qui croyent au
« jour du Jugement; qui craignent un Dieu;
« qui ne connoissent point d'autres Femmes
« que les leurs et leurs Esclaves; qui ne font
« point mal aux Fidéles, ni par leurs dis-
« cours, ni par leurs actions; qui disent la
« vérité en témoignage; qui effectuent ce
« qu'ils ont promis; qui conservent avec
« équité et fidélement ce qui leur a été confié,
« auront dans leur main droite le Livre où
« sont écrites leurs actions; ils seront ap-
« puyés sur des lits ornés d'or et de pierre-
« ries; ils se regarderont tous en face et avec
« plaisir; de jeunes enfans iront autour d'eux
« avec des vases remplis d'un breuvage dé-
« licieux, qui ne leur fera point de mal à la
« tête et qui ne les enivrera point; ils au-
« ront tous les fruits qu'ils pourront sou-
« haiter, et telles viandes qu'ils desireront;
« ils posséderont des Femmes qui auront les
« yeux noirs et qui seront blanches comme
« des perles enfilées, et que personne ne tou-
« chera, ni Homme, ni Ange, auparavant
« eux. »

Voilà la félicité dont j'espére que mes Freres

jouiront. Ils ont été tués en défendant leur Patrie et leur Religion : ils n'ont jamais fait tort à personne ; ils n'ont adoré qu'un seul Dieu, qui punit les méchans et qui récompense les bons ; élevés dès l'enfance par des Femmes dévotes, ils ont appris l'Alcoran ; ils ont été accoutumés, dès leur bas âge, à être frapés d'un respect profond au seul nom de Mahomet ; ils ont cru dans ce Prophéte, parce que ce Prophéte scelle tout ce qu'il dit du nom du Toutpuissant. Comment auroient-ils cru Mahomet assez méchant pour les tromper, dans le tems qu'il leur dit partout que Dieu punit sévérement ceux qui trompent ?

Mais ils n'ont pas vécu dans la Religion que j'ai embrassée, me diras-tu ; c'est la vraie.... Ils ne le croyoient pas ; jamais les principes de cette Religion ne leur ont été révélés : comment seroient-ils coupables ? Des Musulmans se sont laissé martyriser plutôt que d'offenser Dieu en abandonnant son vrai culte, qu'ils croyoient être contenu dans l'Alcoran : ils ne cherchoient pas à s'aveugler, puisqu'ils avoient Dieu et sa gloire pour objet.

Les préjugés de l'enfance, et l'autorité de nos Parens qui y sont morts, nous attachent à une Religion dont les idées se sont accrues avec les fibres de notre cerveau, et qu'on nous a persuadé avoir été confirmée par des Miracles : car chaque Religion, jusqu'à l'impertinente Religion même des Payens, a ses Miracles.

Je lisois hier dans l'Histoire de la République Romaine qu'on consulta l'Oracle sur les moyens d'appaiser le courroux des Dieux et d'arrêter une maladie contagieuse qui dépeuploit Rome et l'Italie. Sur sa réponse, on alla chercher à Epidaure la Statue d'Esculape. Mais le Vaisseau qui l'apportoit s'arrêta tout-à-coup au milieu de la Mer, et tout l'effort des Matelots ne pouvoit le mettre en mouvement, lorsqu'une Vestale, qu'on accusoit d'avoir violé son vœu, pria le Dieu de faire connoître son innocence. Elle attacha sa ceinture au vaisseau, qu'elle entraîna sans peine dans le Port. Ce Fait est rapporté par des Historiens contemporains; et en mémoire de cet événement, on bâtit un Temple orné de peinture, où cette Histoire étoit tracée dans toutes ses circonstances.

La Tradition a fait couler de pere en fils jusqu'à nous les grandes actions de Mahomet, qui sont attestées d'ailleurs par des Historiens qui vivoient avec lui ; et le Tombeau du Prophéte est entouré, à la Mecque, de vœux et de marques de reconnoissance que les Fidéles qui ont reçu miraculeusement leur guérison y attachent tous les jours.

L'attestation des Contemporains, la Tradition directe, et, dans le tems même qu'un fait est arrivé, des Monumens établis pour le conserver à la Postérité, sont, je crois, les seules preuves convaincantes qu'on puisse apporter de la vérité d'un Miracle.

Pourquoi veux tu que je rejette comme fausse l'Histoire de cette Vestale et celle de Mahomet, et que j'adopte pour vraies celles de ta Religion, lorsqu'elles ne sont pas appuyées d'autres autorités?

Tu me répondras peut-être que Dieu a permis des Miracles dans toutes les Religions. Quoi! Dieu, ma Sœur, m'induiroit dans l'erreur? Il auroit permis qu'Esculape fît un Miracle, pour que la dévotion impie à sa Statue augmentât? Il auroit permis que, par mille traits miraculeux, Mahomet scellât une Religion qu'il désapprouve? Dieu enfin me donneroit des preuves pour me confirmer dans une croyance qu'il condamne? Je ne le croirai jamais, ma Sœur.

Peut-être, me diras-tu, que, si ton raisonnement est juste, il n'y a donc que la vraie Religion qui puisse être confirmée par de vrais Miracles, et qu'ainsi il n'est pas vrai que les Témoignages, les Monumens et la Tradition suffisent pour en établir la réalité, puisque ces mêmes sortes de preuves concourent à établir la vérité des Miracles faits pour confirmer des Religions toutes opposées entr'elles. Mais cela ne va-t-il pas à rejetter toute sorte de témoignage? Non, me diras-tu: c'est à nous à examiner la nature et les circonstances du Fait, la qualité et le caractere des Témoins, et sur-tout à voir si la Religion en faveur de laquelle ces Miracles ont été faits est, de toutes celles que nous connoissons, la plus conforme à la raison et aux perfections de l'Être Suprême. Je sens tout cela, ma chere Sœur, et c'est ce qui m'embarrasse. Car enfin, comment veux-tu que je fasse cet examen?

Me répondras-tu que mon embarras ne

vient que de ce que je n'ai pas les secours
nécessaires, et que, si j'avois les yeux éclairés
par ta Religion, toutes ces difficultés dispa-
roîtroient? Mais enfin je n'ai point ces secours; mes yeux ne sont pas éclairés; je suis
dans un Pays où tout ce qui respire, tout ce
qu'il y a de grand, tout ce qui m'approche
et me touche de plus près, vit dans les principes sur lesquels on a formé mes mœurs et
mon éducation. Abandonne-t-on aisément
des idées aussi anciennes que nous, pour en
prendre de nouvelles à l'esprit, et sans avoir
des marques infaillibles qu'on est dans l'erreur? Combien meurt-il de gens ici tous les
jours, qui n'ont jamais commercé avec les
Chrétiens, et qui n'en ont jamais entendu
parler qu'avec mépris? Comment voudrois-tu
que ces personnes-là eussent rejetté les Dogmes de Mahomet pour embrasser une Religion qui ne leur a point été connue?

Dieu a créé tous les hommes; il est juste,
bon et miséricordieux : suivons les Loix de
cette raison commune à toutes les Nations,
et qu'il leur a donnée comme un flambeau
pour les guider et les éclairer dans les voies
de l'équité et de la justice; servons-nous-en

dans la recherche du Culte le plus conforme à sa Grandeur et à sa Sainteté, et espérons tout de sa Providence.

Je t'envoye à ce sujet une petite Histoire que j'ai trouvée traduite du Persan en Turc. Je souhaite qu'elle t'amuse. Celui qui l'a écrite me paroît une espéce de Philosophe qui ne donne qu'un demi-jour à ses pensées, pour que le Lecteur ait le plaisir d'y suppléer par ses réflexions.

HISTOIRE

DE

FELIME ET D'ABDERAMEN.

I L y avoit plus de dix ans que le sage Kaillaz habitoit l'Isle d'Evan. Dans ce lieu désert, où jamais aucun homme ne s'étoit offert à sa vue, il passoit les jours entiers à contempler la Nature, sous les formes diverses et infinies qu'elle prend sans cesse. La plus petite partie occupoit aisément un esprit affranchi des passions tumultueuses; et l'étude des Mathématiques, inépuisables en démonstrations, lui donnoit à chaque instant le plaisir de la découverte de quelque vérité. Il y vivoit de racines ex-

cellentes et de fruits agréables que la Terre
y produisoit sans culture.

La pluie, les éclairs et la foudre l'avoient
un jour empêché de sortir de la Cabane qu'il
s'étoit bâtie, lorsque, deux heures avant le
coucher du Soleil, le tems s'étant éclairci, il
monta sur un rocher pour en détacher quelques coquillages. Il apperçut au-dessous de
lui une espéce de Berceau que les vagues de
la mer avoient laissé à sec. Il y courut avec
cet empressement qu'inspire l'humanité.
Quelle surprise d'y trouver deux Enfans de
deux à trois ans, dont les petits habillemens
distinguoient le sexe! Leur physionomie,
sous des traits si tendres encore, présageoit
cependant un sort bien différent de l'abandon
où ils étoient.

Depuis ce jour, Kaillaz ne sentit plus au
fond de son cœur cette sécheresse et cet ennui qu'inspire de tems en tems une entiere
solitude, quelques soins qu'on prenne pour
la tromper. La nuit venoit toujours trop tôt :
il lui sembloit qu'il n'avoit pas encore assez
vu ces Enfans, quoiqu'il les eût eus tout le
jour auprès de lui. C'étoit pour eux qu'il
tâchoit d'embellir son habitation : il plantoit

des arbres, pour croître avec eux; il ornoit sa Cabane de coquillages qui pouvoient les amuser.

Si un pere, au milieu du tumulte du monde, environné de parens et d'amis, tyrannisé par des intérêts d'ambition et de plaisir, se retrouve cependant toujours avec joie parmi ses enfans, quels sentimens encore plus tendres devoit avoir Kaillaz pour ceux dont la fortune l'avoit rendu le pere, dans une terre inhabitée, séparé depuis long-tems du commerce des hommes, sans espoir d'autres entretiens, d'autres secours et d'autres plaisirs que ceux qu'il pouvoit attendre de ces deux jeunes plantes, qu'il alloit cultiver et dresser à la Vertu, dans un lieu où l'exemple du vice ne détruiroit point ses leçons!

Dès qu'ils eurent la force de se servir de leurs mains, il leur apprit à faire, de plusieurs plumes d'Oiseaux, un tissu dont ils se couvroient. Dans leurs moindres actions, et dans leurs discours, dès qu'ils sçurent s'énoncer, il s'appliqua à démêler leur tempérament, pour le fortifier ou le rompre. *Abderamen*, c'étoit le nom qu'il avoit donné au Garçon, étoit sérieux, tendre et compatissant. *Félime*, au contraire, c'étoit la Fille, avoit l'humeur enjouée, vive, et ne regardoit tout ce qui l'environnoit qu'avec une complaisance intéressée pour elle-même. Une aventure assez simple fit connoître à Kaillaz cette différence de caractere.

Félime avoit trouvé un nid d'Oiseaux trop foibles encore pour prendre leur vol; elle l'emportoit dans la Cabane, et la mere suivoit ses petits avec des cris dont la bonté du cœur d'Abderamen interprétoit fidélement la douleur. Il pria sa Sœur, c'est ainsi qu'il appelloit Félime, de remettre ce nid où elle l'avoit pris. Elle ne le voulut point. Cela causoit une petite dispute entre eux, lorsque Kaillaz les joignit. Informé du sujet, il prit cette occasion pour leur donner la premiere instruction de Morale.

« En gardant ces Oiseaux pour les élever
« et vous en amuser, vous suivez, dit-il en
« s'adressant à Félime, ce qui vous fait plai-
« sir; mais vous êtes cruelle envers cette
« mere, à qui vous ôtez ce qui lui appartient,
« et dont vous allarmez la tendresse. Si un
« homme venoit dans cette Isle vous arracher
« d'auprès d'Abderamen que vous aimez; si,

« n'étant point attendri par votre douleur et
« par les larmes que vous feroit répandre à
« l'un et à l'autre cette séparation, cet homme
« violent ne se laissoit conduire qu'à la dou-
« ceur de vous posséder, Félime, ne le trai-
« teriez-vous pas d'injuste, de cruel et d'in-
« humain? Ma Fille, il ne faut pas nous
« considérer seuls, en cherchant ce qui nous
« peut plaire : nous devons examiner si notre
« satisfaction n'est point contraire à celle
« d'un autre. N'en usez avec autrui que
« comme vous voudriez qu'on en usât avec
« vous-même. Je ne fais que réveiller ce
« principe de Justice, que Dieu a gravé dans
« notre cœur en le formant : ce Dieu, més
« enfans, qui est par-tout, qui est en tout, qui
« aime tout, qui circule et se diversifie sans
« cesse dans son immensité, sous des formes
« infinies; ce Dieu en qui vous existez sous
« une façon d'être particuliere, qui seule
« vous distingue des autres productions, dont
« le fond est commun, et dont la nature est
« la même avec la vôtre. Vous voyez dans
« les nuages mille figures diverses d'hom-
« mes, d'animaux, d'arbres, de montagnes :
« le vent souffle, le spectacle change en un

« instant, et la même matiere se produit sous
« des images différentes. Rien ne s'anéantit
« jamais, que la figure : ce qui semble dis-
« paroître à vos yeux ne fait que changer de
« forme; ces fruits que vous mangez, par le
« seul arrangement différent des parties, de-
« viendront le sang qui coulera dans vos
« veines. Mais l'Homme n'est que pour un
« tems. Les mêmes parties qui le composent
« ne peuvent pas toujours subsister réunies
« sous le même arrangement; elles se déta-
« chent; l'harmonie se détruit, et ce qu'il y
« a de plus subtil en lui se rejoint à l'infini :
« semblable à ces coquillages que la Mer
« brise sur un rocher; l'eau qui y étoit ren-
« fermée s'écoule, et se perd dans l'immen-
« sité. »

C'étoit par de pareilles instructions que
Kaillaz tâchoit d'élever l'esprit de ces Enfans,
à mesure qu'ils croissoient en âge. Il y avoit
déja plus de dix ans qu'il les avoit sauvés,
quand un malheur imprévu pensa lui enlever
Félime. Un soir qu'elle se promenoit sur le
haut du rocher, un vent furieux l'envelopa
et la jetta à la Mer. L'onde l'avoit engloutie
deux fois; sa perte paroissoit inévitable, lors-

qu'une vague la porta sur le rivage, en se retirant avec la même impétuosité.

Abderamen, qui la cherchoit toujours, arriva dans ce moment. Quel spectacle pour un jeune Amant! Il voit ce qu'il adore sans mouvement, les regards éteints, et la pâleur de la mort peinte sur le visage « Félime.... ma chere Félime ».... Il l'appelle; il l'embrasse. Le son d'une voix si chérie ranime un moment cette Amante : elle ouvre les yeux, qu'elle referme aussi-tôt. Il tâche de l'échauffer dans ses bras; il colle sa bouche sur la sienne : il voudroit lui souffler sa propre vie, et mourir, pourvu qu'elle revînt. Ses transports réussirent enfin : Félime, en respirant, embrasse Abderamen; et le premier sentiment qu'il connut dans sa maîtresse fut un sentiment de tendresse pour lui.

Il la porta à la Cabane, où, par les soins de Kaillaz, cet accident n'eut point de suites. Mais les caresses de son Amant et la situation où elle s'étoit trouvée couchée entre ses bras revenoient sans cesse à son esprit. La nuit, des songes séduisans la ravissoient : il sembloit qu'un autre sang entroit dans ses veines et y couloit délicieusement Elle s'éveilloit toute émue ; elle tâchoit de se replonger dans les erreurs d'un sommeil que l'agitation même où il l'avoit mise éloignoit de ses yeux ; elle bruloit, et, dans son inquiétude, elle se levoit plus matin qu'à l'ordinaire.

Sa rêverie la conduisit un jour vers une Grotte d'où couloit un Ruisseau dont les flots argentés, après avoir quelque tems serpenté dans un petit Bois, y formoient un Bassin sous un ombrage charmant. Dans la fraîcheur de ces eaux elle crut trouver un reméde au feu qui la dévoroit. Elle se deshabille, elle s'y plonge, elle s'y joue innocemment : il lui semble qu'elle est plus tranquille. Elle se regarde avec complaisance dans cette onde pure ; elle cueille quelques fleurs qui venoient d'éclore sur les bords, elle les place dans ses cheveux, qui sont relevés avec art sur sa tête. Avec une attention curieuse, elle consulte encore ce Ruisseau sur sa nouvelle parure : elle est si contente de se voir qu'elle souhaiteroit qu'Abderamen pût en partager le plaisir.

Il l'aimoit trop pour être éloigné. Il l'avoit suivie ; il s'étoit deshabillé comme elle, il la

tenoit dans ses bras, qu'elle croyoit encore
que c'étoit une illusion. Confuse, interdite,
elle résiste, sans sçavoir pourquoi elle se re-
fuse au penchant de son cœur : elle voudroit
que la clarté des eaux se troublât et la voilât
aux regards qui tombent évidemment sur ses
charmes. Elle tâche d'échaper, et les efforts
qu'elle fait déployent aux yeux de son Amant
des beautés sans nombre, dans mille mouvemens différens. Il l'arrête, il la fixe enfin;
l'Amour les attache par un lien dont ils ne
connurent l'usage qu'après en avoir éprouvé
la douceur. Les flots mêmes étoient enflam-
més du feu que respiroient nos jeunes Amans.
Sans rompre la chaîne qui les tenoit unis,
Abderamen emporte Félime languissante et
pâmée sur le rivage; et la Terre, comme
l'Eau, servit d'Autel à plus d'un Sacrifice.

Une douce langueur succède un moment à
la rapidité de leurs désirs : ils se tiennent embrassés, et se mouillent de ces larmes délicieuses que la satisfaction du cœur fait répandre avec une joie pure sur l'objet qu'il
aime. Quelque bruit excité entre les arbres
les fit s'arracher l'un à l'autre et courir avec
précipitation à leurs habits. « J'ai craint que

ce ne fût Kaillaz, dit Félime. Il ne peut blâmer les plaisirs que nous venons de nous rendre réciproquement : je n'y vois rien de contraire au principe qu'il nous a recommandé de ne point faire ce que nous ne voudrions pas qu'on nous fît à nous-mêmes. Les douceurs délicieuses où nous étions plongés n'ont point fait tort à quoi que ce soit dans la nature ; nous nous communiquons notre bonheur, sans interrompre celui des autres Êtres. Cependant...... je ne sçais ; mais.... enfin, je ne voudrois pas..... » A ces mots, elle fut interrompue par l'aspect de plusieurs hommes, qui les enleverent et les emporterent tous les deux à un Vaisseau, d'où ils perdirent bien-tôt l'Isle de vue.

« Ma Sœur, que veut-on de nous? disoit tristement Abderamen. Nous n'avons fait mal à personne.... Que deviendra Kaillaz quand il ne nous verra plus? Il nous aimoit si tendrement ! »

Cette idée leur fit verser des larmes. « Loin de vous affliger, mes enfans, les interrompit celui qui paroissoit le Maître du Vaisseau ; rendez graces au Ciel, qui nous a fait passer encore à portée de cette Isle. Nous y abandon-

nâmes, il y a près de vingt ans, l'impie Kaillaz, qui n'adoroit point le même Dieu que
nous, qui méprisoit le culte que nous lui
rendions, et regardoit dédaigneusement nos
cérémonies. Il vous a sans doute imbus de
ses principes?

— Il ne nous en a point donné d'autres, répondit Abderamen, que de ne point faire à
autrui ce que nous ne voudrions pas qu'on
nous fît. — Quoi! reprit celui qui leur avoit
déja parlé, il ne vous a jamais entretenus du
Prophéte Mahomet, l'Envoyé de Dieu, qui
promet de si grandes récompenses aux Fidéles qui suivent sa Loi, qui les placera
après leur mort dans des lieux fortunés, où
la possession des plus belles Femmes répan-
dra dans leurs cœurs une volupté aussi inta-
rissable que leurs désirs?.... — Qu'il m'accorde seulement Félime, dit en soupirant
Abderamen, et je serai aussi heureux que
lui! »

L'innocence de ce sentiment attendrit tous
ceux qui en ouïrent l'expression. La navigation étoit favorable, et l'on continuoit tous
les jours à déveloper à nos jeunes amans les
mysteres d'une Croyance si nouvelle à leur

esprit. Par les meilleurs traitemens, on tâchoit d'y engager leurs cœurs. On leur ôta
leurs habits pour leur en donner de magni-
fiques. Des mets exquis flatoient leur appétit,
et des liqueurs excellentes prévenoient leur
soif.

Ils s'entretenoient une nuit tranquillement,
et les idées flateuses que l'amour leur inspiroit étoient bien éloignées du malheur qui
les menaçoit, quand ils entendirent un grand
tumulte, des cris confus, des gémissemens;
tout le Vaisseau étoit en mouvement. Abderamen s'arrache des bras de Félime qui veut
l'arrêter. Le premier objet qui se présente à
ses yeux est le Capitaine expirant à ses pieds.
Il est lui-même frapé d'un coup qui l'étour-
dit et le renverse. C'étoient des Chrétiens qui
avoient rompu leurs fers, et dont l'heureuse
conspiration les avoit rendus vainqueurs de
ceux dont ils étoient esclaves une heure auparavant.

Abderamen, au bout de quelque tems, re-
prend ses esprits; le coup qui l'avoit abattu
n'étoit pas sanglant. Il se lève; aussi-tôt on
se jette à lui, on lui donne des fers, en lui
parlant cependant avec humanité, parce que

ces Chrétiens, qui sçavoient son aventure, ne le comptoient point dans le nombre des Ennemis dont ils venoient de se venger. Son premier mouvement fut de chercher Félime. Il entre où il l'avoit laissée, il ne la trouve point; il revient. Quelle vue! Félime percée d'un coup mortel, couchée au milieu des morts dont le pont est tout couvert.

« Félime.... ma Sœur... Que vous avoit elle fait, barbares? » En prononçant ces mots, il saisit un poignard; ses liens l'empêchent de s'en servir, et son esclavage le sauve de sa propre fureur. Il demeure quelque tems immobile, les yeux fixes et dans un silence farouche. La nature ne peut soutenir un plus long saisissement : il tombe sans connoissance.

Il resta tout le jour dans cet état, et ce ne fut que le soir qu'aux larmes qui couloient de ses yeux fermés, on reconnut qu'un sentiment moins violent avoit succédé au déséspoir et à la fureur. « Félime, répétoit-il sans cesse, la charmante Félime n'a fait que paroître sur la terre, elle n'y a vécu que pour moi; elle n'est plus, et je vis encore. Ses beaux yeux sont éteints pour jamais, et les miens s'ouvrent à la clarté du jour. . » A ces mots,

entrecoupés de mille sanglots, il s'assoupis-
soit dans l'amertume de ses pleurs.

La douleur n'est point une passion qui ôte
la vie; il semble même qu'elle s'entretient
dans le cœur avec une espéce de douceur,
qui ne nous arrache point aux soins que
l'on prend de notre conservation. Abderamen
se laissoit enfin aller aux secours que lui
donnoit un Iman Chrétien qui ne l'avoit pas
quitté d'un instant, et qui lui devenoit, pour
ainsi dire, de plus en plus nécessaire, par le
plaisir que nous ressentons tous à conter nos
malheurs.

Il le faisoit entrer dans la confidence de sa
vie dans l'Isle, du progrès de ses amours et
de ses plaisirs; et ce Chrétien paroissoit toujours prendre un grand intérêt à ce récit.
Ces sortes de gens sont souples, insinuans, et
la vanité de voir les autres penser comme
eux leur fait tout risquer et tout entreprendre pour étendre leur Religion. Celui-ci,
voyant un jour Abderamen un peu plus tranquille, crut avoir trouvé l'occasion de l'en-
traîner dans sa Secte.

« Mon enfant, lui dit-il, après la perte que
vous avez faite, chaque instant de votre vie

seroit une marque d'ingratitude si vous cher-
chiez quelque consolation sur la terre. Mais
il est un Être suprême, qui vous a créé pour
l'adorer et le servir. Peut-être ne vous a-t-il
frapé que pour vous appeller à lui. Il est
jaloux de notre cœur, qu'il veut seul occuper.
Remplissez-vous des mysteres de sa grandeur infinie et de sa bonté ; pénétrez votre
ame de la sainteté de sa Loi, que je vous
expliquerai; et quand ce corps terrestre se
détruira, l'esprit qui est en vous, et qui ne
meurt point, jouira d'un bonheur éternel.....
    —Je reverrois Félime! lui demande avec
empressement notre jeune Amant, toujours
passionné pour la mémoire de ce qu'il aime.
— Vous ne vous faites encore, reprit l'Iman,
des idées de félicité que selon vos sens, et
comme ces malheureux Musulmans, avec
qui vous avez vécu quelque tems. — Vous
n'êtes donc pas dans la même croyance
qu'eux? répliqua Abderamen. — Non, graces
au Ciel, continua l'Iman; ils suivent les
dogmes d'un impie, avec qui ils souffriront
après leur mort des tourmens qui n'auront
point de fin; et tous ceux qui, comme eux,
meurent sans avoir été initiés aux graces

de la Religion où je suis né, sont condamnés à l'horreur des mêmes peines. — Comment ! interrompit vivement Abderamen, ce Dieu dont le nom seul m'inspire une idée si sublime, au milieu même des ténébres de ma raison qui le cherche ; ce Dieu, dis-je, auroit porté Félime dans une Isle déserte où on ne l'éclaire point ! Il l'auroit conduite au milieu des Musulmans, qu'il réprouve, pour la punir après sa mort de n'avoir pas eu l'occasion de s'instruire du seul culte qu'il avoue ? Félime, dont la bouche n'a jamais déguisé la vérité, dont le cœur ignora toujours l'artifice, et dont les yeux et les mains n'ont jamais été complices de la moindre injustice, Félime seroit malheureuse dans la volonté d'un Dieu qu'elle auroit adoré avec plus de pureté que nous si elle avoit pu le connoître ! »

En prononçant ces mots, il quitta avec indignation le Chrétien, et prit dès ce moment la résolution de se séparer de lui tout-à-fait, à la premiere occasion qui se présenteroit.

Le hasard favorisa bientôt son intention. Le Vaisseau fut obligé d'aborder pour faire de l'eau. L'Équipage se dispersa dans la campagne. Tandis que chacun étoit occupé du plaisir de toucher la Terre, il s'éloigna insensiblement, et se jetta dans une Forêt dont l'épaisseur lui parut une sure retraite.

Il n'avoit pas fait une lieue dans cette Forêt, qu'il apperçut un homme assailli par deux Sangliers d'une grandeur énorme. Ses forces étoient épuisées par une longue défense, au lieu que leur sang, que ces fiers animaux voyoient couler, les rendoit encore plus furieux.

Abderamen ne balance point, il court où l'humanité l'appelle; il frape avec tant de bonheur que ces espéces de Monstres tombent sous ses coups. « Je vous dois la vie, généreux Inconnu, dit celui qu'il avoit délivré. La Chasse m'a exposé à un péril plus grand que tous ceux que la Guerre m'a fait voir encore. Accordez moi la grace de m'accompagner dans un lieu où je tâcherai de vous marquer ma reconnoissance.

— Je me trouve heureux, répondit Abderamen, d'avoir eu l'occasion d'entreprendre pour vous ce que vous auriez fait pour moi si vous m'aviez vu dans le même danger. Outre le plaisir que j'aurai toujours à vous suivre, je vous avouerai que la fortune m'est si contraire, qu'il m'est indifférent quel pays habiter. » En achevant ces mots, il apperçut plusieurs Chasseurs qui venoient de son côté, et il ne fut pas long-tems à connoître que c'étoit au Roi de Serendib qu'il avoit sauvé la vie.

Ce Prince présenta son Libérateur à sa Cour, qui grossissoit à mesure qu'ils approchoient du Palais. Abderamen y fut logé; chaque jour le Roi lui donnoit quelque marque nouvelle de bonté et de distinction. Il le plaça dans son armée, à la tête d'un corps de troupes considérable, et il eut à s'applaudir de son choix.

Abderamen, dans un combat, chargea avec tant de bravoure et si à propos les ennemis qu'il ramena la victoire qui commençoit à se déclarer pour eux. Et ce ne fut pas la seule occasion où sa bonne conduite et son courage décida des succès.

Souvent les grands hommes ne doivent leurs belles qualités qu'à l'ambition de paroître. En pratiquant les vertus, ce n'est point la vertu même qu'ils ont pour objet dans le fond de leur cœur; ils sacrifient à la renommée et à l'estime des peuples, qu'ils veulent se concilier; l'orgueil est l'artisan de leur mérite. Il n'en étoit pas ainsi d'Abderamen. La droite nature dirigeoit toutes ses actions; il soulageoit les Soldats, il aidoit les blessés, il partageoit ce qu'il possédoit avec ceux qui avoient besoin; et il étoit étonné des louanges qu'une semblable conduite lui attiroit. « Quel est donc, disoit-il, le caractere de ces gens-ci ? Est-ce que je puis me dispenser d'exécuter pour eux ce que je voudrois qu'ils fissent pour moi si j'étois dans leur situation ? »

Ses services augmenterent la confiance du Roi à un point que ce Prince voulut concerter avec lui seul les projets de la campagne suivante et les moyens de la soutenir : « Mon cher Abderamen, lui dit-il, j'ai en tête plusieurs Puissances unies ensemble pour me détruire. Jusqu'ici j'ai été victorieux, mais mes finances sont épuisées, mes Peuples sont chargés; mes meilleurs Officiers ont été tués, et ceux que les hasards de la guerre ont épargnés gémissent sans récompenses, après s'être ruinés à mon service. Je ne veux cependant point accepter une paix deshonorante.

— Sire, répondit Abderamen, le zéle que

j'ai pour la gloire de Votre Majesté m'inspire quelques idées que je prendrai la liberté de soumettre à ses lumieres, puisqu'elle m'ordonne de parler.

« Depuis que j'ai l'honneur d'être sous sa protection, je me suis instruit exactement des Loix, des richesses et des différens corps de l'État. Vous avez dans votre Royaume des milliers de Faquirs, de Bonzes, de Derviches, de Calenders et autres de cette Robe, qui jouissent de revenus considérables en fonds, ou qui en ont d'assurés dans les charités qu'on leur fait. Ces gens-là sont reçus par tout avec quelque considération; sans inquiétude et sans travail, ils ont tout ce qui est nécessaire à l'homme. C'est d'eux qu'on peut dire que la nature, sans être cultivée, prévient les besoins. Ils n'ont d'autres peines que celles qu'ils veulent se donner par leurs intrigues dans toutes les familles, où, sous les noms spécieux de zéle et de devoir, ils soufflent la médisance et la désunion, pour arracher les secrets, et dominer sur ceux qui doivent les craindre, après avoir eu une confiance trop aveugle. L'oisiveté régne parmi ces gens-là, et la paresse en grossit le nombre. Ils attirent

par leurs caresses, et ils inspirent le dégoût
de la maison paternelle au fils de ce Bour-
geois riche, que son pere veut obliger de s'attacher à une profession qui ne lui plaît pas.
Le fils de cet Artisan et de ce pénible Labou-
reur, qui voit que ses parens, après avoir
travaillé tout le jour, n'ont gagné le soir que
de quoi soutenir leur famille, aspire après un
genre de vie qui l'éleve où il ne manque de
rien, où il n'a d'autre soin que de s'habituer
à prononcer tous les jours deux ou trois mille
mots.

« C'est ainsi que vous perdez, Sire, tous les
ans, trois ou quatre mille Sujets, qui auroient
été de bons Matelots, des Soldats disciplinés,
d'habiles Négocians ou de riches Labou-
reurs, si les Derviches, en fréquentant dans
les maisons, ne les avoient pas caressés dès
leur enfance, et n'eussent pas, par leur exemple, anéanti en eux le goût du travail et de
l'industrie...... — Hé! comment remédier à
cet abus? interrompit le Roi.

— En défendant, Sire, répliqua Abderamen, aux Faquirs, Bonzes, Derviches et
Calenders de votre Royaume de recevoir qui
que ce soit parmi eux avant l'âge de trente

13

ans, et qu'il n'ait exercé dix ans la profession de son pere.

« Votre Noblesse vous sert avec attachement, et s'en fait même un point d'honneur. Mettez-vous en état de donner des récompenses à un Noble qui a vieilli dans vos armées ; faites-lui au moins goûter sur la fin de ses jours cette honnête abondance dont a joui toute sa vie un Bonze, qui n'a cependant toujours été qu'un fardeau inutile sur la terre.

« Comme étant le premier de votre Royaume, dites que vous voulez être aussi le premier ministre du Dieu qu'on y adore. Sous ce titre spécieux, assignez à ceux qui vous sont utiles des pensions sur les revenus considérables que possédent les Derviches ; permettez aux Nobles de revendiquer les legs considérables qui sont sortis de leurs Maisons en faveur des Calenders ; réunissez vous-même à votre Domaine les fonds qui auront été aliénés . . . .

. . . .

(*Il manque ici quelque chose qu'on n'a pu traduire, le Manuscrit étant effacé dans cet endroit.*). . . . .

Le Roi communiqua ses projets à son Conseil, et la volonté où il étoit de les exécuter. Peut-être en seroit-il venu à bout; mais on le trouva le lendemain mort empoisonné dans son lit, et Abderamen, en se retirant le soir au Palais, fut assassiné par des gens inconnus.

LETTRE XIV.

ROSALIDE A FATIME.

JE n'ai pas le cœur moins bon que toi, ma chere Fatime. Crois-tu que je puisse soutenir l'idée de te voir condamnée à des tourmens éternels pour n'avoir point embrassé une Religion que tu n'as jamais été à portée de connoître? Non, ma tendresse est d'accord là-dessus avec ma raison. Dieu est trop juste pour exiger des hommes plus qu'ils n'ont été en état de faire. Mais, comme il est le maître de ses graces, il a pu révéler sa volonté aux uns plus clairement qu'il ne l'a fait connoître aux autres, et leur destiner un bonheur plus grand dans une autre vie. Je ne désespére pas qu'il ne te fournisse un jour les moyens de t'éclairer; je me le persuade même, parce que je le souhaite ardemment.

Fin des Lettres Turques.

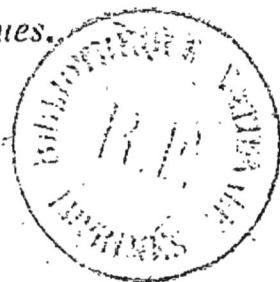

TABLE

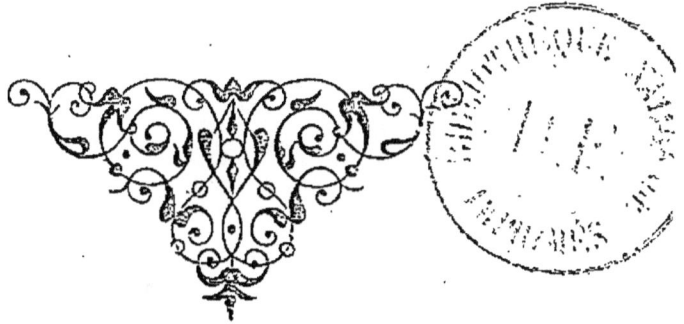

www.ingramcontent.com/pod-product-compliance
Lightning Source LLC
Chambersburg PA
CBHW051733090426
42738CB00010B/2242